엑셀로뮤직 아카데미 원장이 **빠르고 확실하게** 알려주는 음악 이론!

실용음악 기초이론

저자의 말

이 책은 음악을 처음 시작하는 기초입문자부터 실용음악 전공생까지 모두가 꼭 알아야 하는 이론을 바탕으로 제작되었습니다. 또한, 이해하기 쉽도록 QR코드를 스캔해서 동영상을 보며 공부할 수 있도록 구성했으며, 실제로 수업을 듣는 학생에게 말하는 것처럼 지루하지 않도록 친근한 대화체를 사용했습니다. 컨셉으로 즐겁게 받아들여 주셨으면 좋겠습니다.

'아는 만큼 보인다'라는 말이 있는 것처럼, 음악도 '아는 만큼 들린다'라고 생각합니다. 공부하면 할수록, 깊이가 더해지는 만큼 음악이 더 재밌어질 거라고 확신합니다. 저는 '엑셀로뮤직' Youtube 채널을 통해 음악을 전공하지 않은 사람들도 '정확한 배움'에 대한 목마름이 있다는 것을 알게 되었습니다. 그리고 그것이 간절하다는 것도 많이 느꼈습니다. 그래서 조금 더 쉽고, 재미있게 음악 이론을 배우실 수 있도록 최선의 노력을 했습니다.

음악은 시간의 예술이라 합니다. 혼자 끝없는 고독의 시간을 지나며 매일 스스로를 뛰어넘는 한계를 경험합니다. 하루에도 몇 번씩 희열과 좌절을 넘나들 때도 있고, 이런 감정의 파도를 감당할 수 없을 때도 많습니다. 그래서 이 책을 통해 음악인으로 한 발짝 다가갈 수 있도록 때로는 소나무처럼 든든함을, 때로는 대나무숲처럼 속 시원한 외침을, 때로는 등대처럼 빛을 밝혀주고 싶습니다. 이 책을 통해서 많은 분들이 음악을 조금 더 쉽게 재밌게 즐길 수 있길 바랍니다.

이 책을 쓰기까지 함께 마음 써주신 분들께 감사의 인사를 전하고 싶습니다. 항상 응원해 주는 나의 남편 송대곤, 사랑으로 믿어주시는 양가 부모님들, 엑셀로를 함께 이끄는 나의 든든한 지원군 이다은, 지금까지 음악 할 수 있도록 길을 열어준 양자인 오빠, 저를 뮤지컬 음악의 세계로 이끌어 주신 최재광 선생님, 영화 & 드라마 음악을 함께 하며 성장을 지켜봐 주신 이재학 선생님, 대학시절부터 큰 힘이 되어주신 지영수 교수님, 더 나은 작곡가가 될 수 있도록 도와주신 뮤지컬 배우 홍지민 선생님, 좋은 책 쓸 수 있도록 도움 주신 삼호뮤직·삼호ETM의 김두영 대표님, 구본희·오새봄 편집자님, 정재희 디자이너님께 진심으로 감사드립니다.

마지막으로 엑셀로뮤직 구독자분들께도 감사의 마음을 전합니다.

2025년 12월
저자 김은주

CONTENTS

PART 7

스케일에서 자라나는 다이아토닉 코드!

PART 8

조미료 한 스푼 : 텐션

PART 9

다이아토닉 코드에 텐션 더하기!

PART 10

도미넌트 코드의 일탈 '세컨더리 도미넌트'

PART 11

스케일의 7가지 변신 : 모드 스케일

PART 12

색다른 매력을 지닌 스케일 모음

PART 1.

처음부터 제대로 배우는 음악의 기초

1강. 오선

얘들아 안녕? 오늘은 오선에 대해서 알아볼 거야!

오선이란 말 그대로 다섯 개의 선이야. 이 오선 위에 음표를 그려서 음의 높낮이를 표시할 수 있어. 오선은 총 다섯 개의 줄과 네 개의 칸으로 이루어져 있지. 오선 위로 올라갈수록 높은 음, 아래로 내려갈수록 낮은 음이야.

여기서 잠깐! 오선을 넘어 더 높거나 더 낮은 음은 덧줄과 덧칸을 사용해.

이렇게 하면 음역대가 훨씬 넓어지는 거야. 오케이?

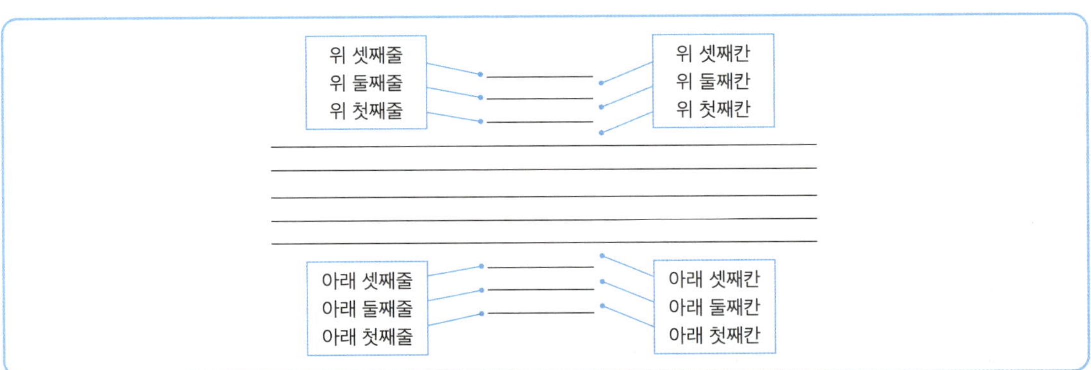

2강. 음자리표

오늘은 음자리표에 대해 알아볼까? 음자리표는 말 음의 자리를 알려주는 표야. 높고 낮은 음을 표시하는데 오선만으로는 표기가 어려운 경우가 있어. 그래서 음자리표를 사용해 음의 높이를 지정해 주는 거지! 그럼 세 가지 종류의 음자리표를 알려줄게.

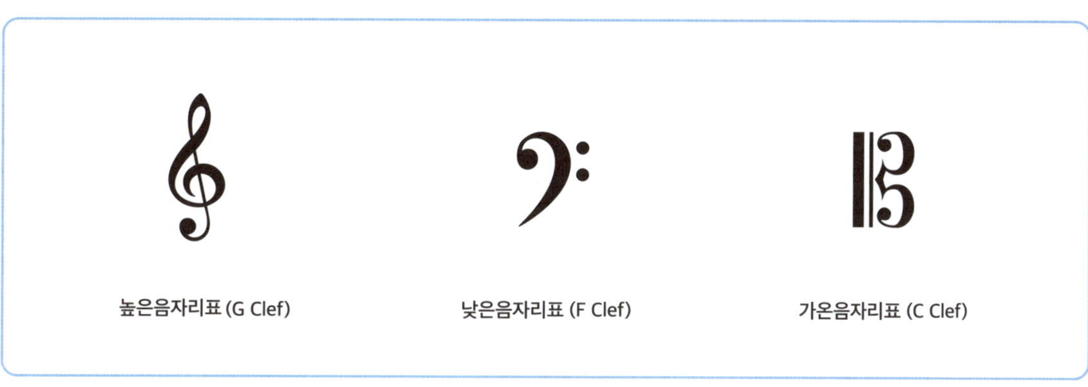

높은음자리표 (G Clef)

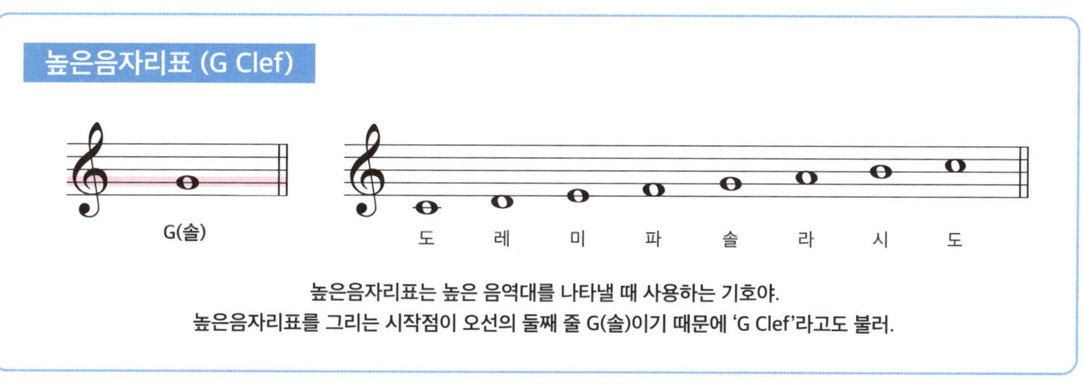

높은음자리표는 높은 음역대를 나타낼 때 사용하는 기호야.
높은음자리표를 그리는 시작점이 오선의 둘째 줄 G(솔)이기 때문에 'G Clef'라고도 불러.

낮은음자리표 (F Clef)

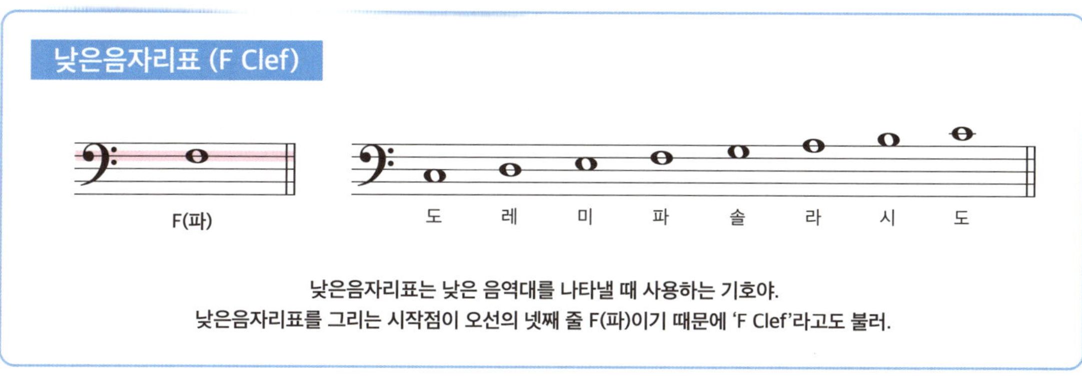

낮은음자리표는 낮은 음역대를 나타낼 때 사용하는 기호야.
낮은음자리표를 그리는 시작점이 오선의 넷째 줄 F(파)이기 때문에 'F Clef'라고도 불러.

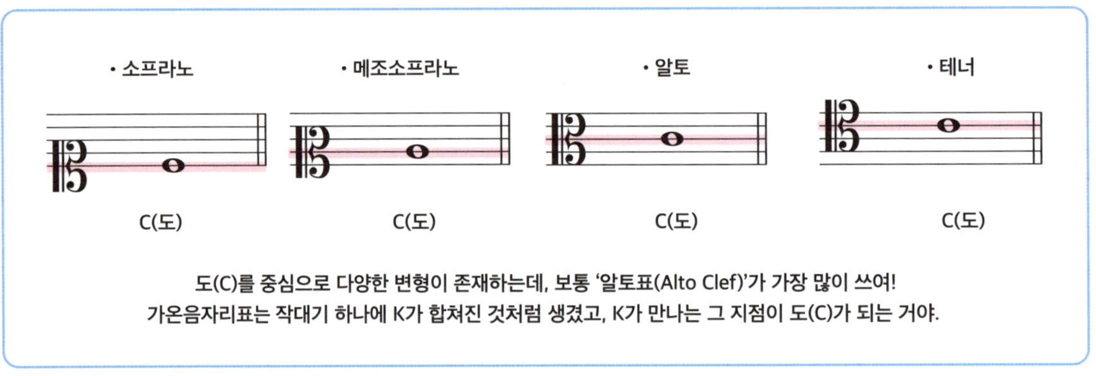

가온음자리표는 높은음자리표를 쓰기엔 낮고, 낮은음자리표를 쓰기엔 높은 음역대에서 사용해.
주로 비올라 같은 악기에서 볼 수 있지.

도(C)를 중심으로 다양한 변형이 존재하는데, 보통 '알토표(Alto Clef)'가 가장 많이 쓰여!
가온음자리표는 작대기 하나에 K가 합쳐진 것처럼 생겼고, K가 만나는 그 지점이 도(C)가 되는 거야.

알아두면 좋아! OKAY~?

음자리표 그리는 순서는 다음과 같아.

3강. 계이름과 음이름

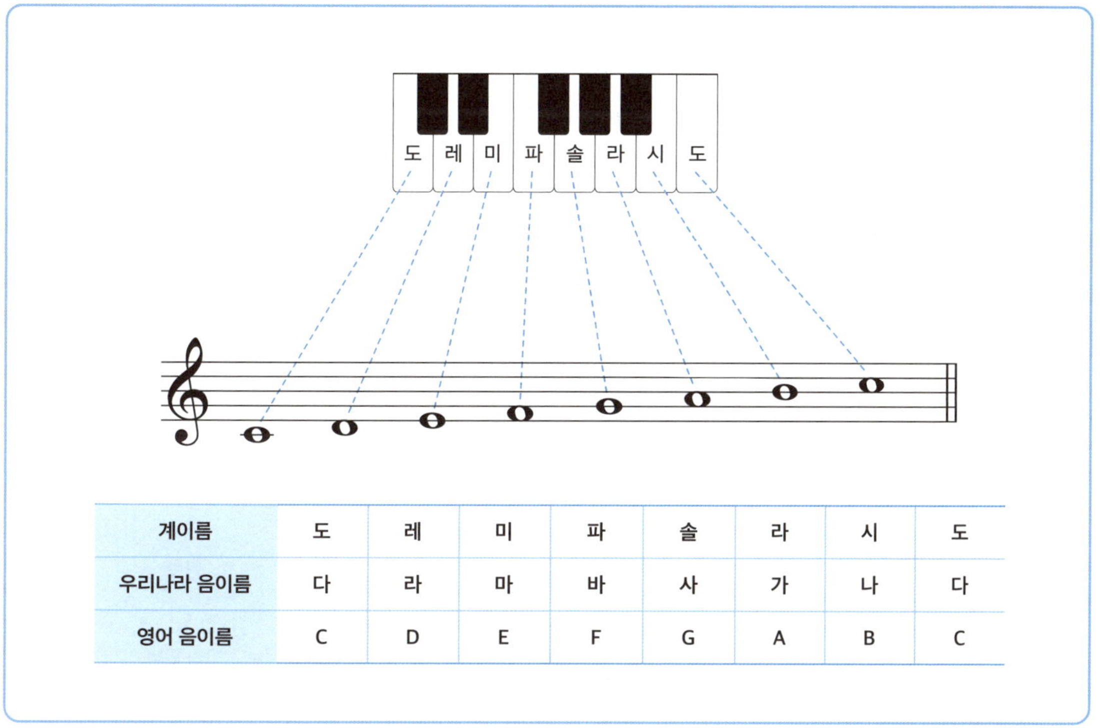

계이름	도	레	미	파	솔	라	시	도
우리나라 음이름	다	라	마	바	사	가	나	다
영어 음이름	C	D	E	F	G	A	B	C

음악에서는 같은 음을 여러 가지 이름으로 부를 수 있어. 계이름은 '도·레·미·파·솔·라·시·도' 우리나라 음이름은 '다·라·마·바·사·가·나·다' 그리고 전 세계에서 공통으로 쓰는 영어 음이름은 'C·D·E·F·G·A·B·C'라고 표기하지. 즉, 하나의 음에도 계이름, 우리나라 음이름, 영어 음이름 이렇게 세 가지 이름이 있어.

알아두면 좋아! OKAY~?

여기서 잠깐! '도레미파솔라시도'에서 시(Si)는 중세 이탈리아식 표현이야. 현대에는 티(Ti)라고 읽는 나라들도 많아. 그 이유는 시(Si)가 솔♯(Sol♯)과 헷갈릴 수 있기 때문이지. 우리나라는 예전부터 시(Si)로 배워왔기 때문에 이번 책에서도 시(Si)로 표기할 거야. 하지만 티(Ti)라고 읽어도 전혀 틀린 건 아니니까, 둘 다 알아두면 좋아! 오케이?

4강. 음표와 쉼표

음악에서 리듬을 정해주는 중요한 개념이 바로 박자야! 박자는 크게 두 가지 요소로 나눌 수 있어. 부르거나 연주해야 하는 '음표', 쉬어야 하는 '쉼표'. 자, 그럼 먼저 음표부터 알아보자!

음표

이름	음표	박자 수
온음표	o	4박
2분음표	♩	2박
4분음표	♩	1박
8분음표	♪	반박
16분음표	♬	반의 반박

- ○ 온음표는 속이 빈 동그라미 모양으로 4박을 의미해.
- ♩ 2분음표는 온음표 ○ 에서 기둥이 하나 붙은 모양으로, 2박을 의미해.
- ♩ 4분음표는 2분음표 ♩ 에서 머리 부분에 색칠한 것처럼 생겼고, 1박을 의미해.
- ♪ 8분음표는 4분음표 ♩ 에서 꼬리 하나가 붙은 모양으로, 반 박(1/2박자)을 의미해.
- ♪ 16분음표는 8분음표 ♪ 에서 꼬리가 하나 더 붙은 모양으로, 반의 반 박(1/4박자)을 의미해.

그럼 이번에는 쉼표에 대해서 알아볼까? 쉼표는 박자 수만큼 연주하지 않고 쉬면 돼.

이름	쉼표	박자 수
온쉼표	▬	4박 쉼
2분쉼표	▬	2박 쉼
4분쉼표	𝄽	1박 쉼
8분쉼표	𝄾	반박 쉼
16분쉼표	𝄿	반의 반박 쉼

▬ 온쉼표는 마치 모자를 거꾸로 뒤집어 놓은 것처럼 생겼고, 총 4박을 쉰다는 것을 의미해.

▬ 2분쉼표는 모자를 똑바로 쓴 것 같은 모양이고, 2박을 쉰다는 것을 의미해.

𝄽 4분쉼표는 해마처럼 생겼는데, 1박을 쉰다는 것을 의미해.

𝄾 8분쉼표는 콩나물 같기도 하고, 외계인 더듬이처럼 보이기도 하지. 이건 반박(1/2박)을 쉰다는 뜻이야.

𝄿 16분쉼표는 8분쉼표에 콩나물을 하나 더 그려준 모양인데, 반의 반박(1/4박)을 쉬어.

이렇게 음표와 쉼표를 알고 있으면 악보를 읽기 훨씬 쉬울 거야!

이름	음표	박자 수
점2분음표	♩.	∨∨∨ 3박
점4분음표	♩.	∨∨ 1박 반
점8분음표	♪.	∨ 반박 반
겹점2분음표	♩..	∨∨∨∨ 3박 반

자, 그럼 음표 옆에 점이 붙으면 몇 박이 될까? 정답은 "원래 박자 + 절반 만큼 더!"야. 점이 붙은 음표는 '원래 길이의 반만큼 더 늘어난다'는 뜻이야.

예를 들어, ♩.점4분음표는 ♩4분음표(1박)에 ♪8분음표(½박)를 더해서 1박 반이야.

♩.점2분음표는 ♩2분음표(2박)에 ♩4분음표(1박)를 더해서 3박이야.

♪.점8분음표는 ♪8분음표(½박)에 ♪16분음표(¼박)를 더해서 반박 반이 되는 거야.

즉, "점이 붙으면 그 음표 길이의 절반만큼 더 늘어난다." 이것만 기억하면 돼!

예를 들어, ♩.점2분음표를 보자. ♩2분음표는 원래 2박이지? 여기에 · 점이 붙으면 그 절반인 1박이 더해져서 총 3박이 되는 거야. 이 경우 점은 1박을 의미하는 셈이지.

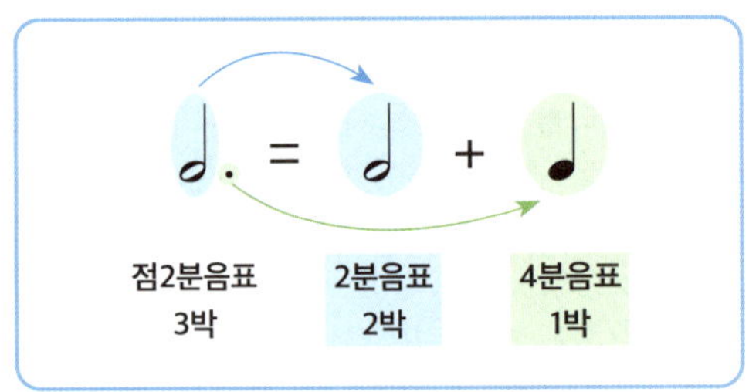

그럼 점4분음표는 몇 박일까? ♩4분음표는 1박이고, 여기에 4분음표의 절반인 반박이 더해지니까 총 1과 반이 돼. 여기서 점은 반박이 되는 거지.

"선생님, 그러면 점이 두 개면 어떻게 돼요?" 베리 나이스! 아주 좋은 질문이야. ♩..겹점2분음표를 계산해 보자. ♩2분음표는 2박이야. 여기에 첫 번째 점은 ♩2분음표의 절반인 1박을 더해주고, 두 번째 점은 1박의 반을 더해주면 돼. 그러면 총 3과 반박이 되지. 그림을 같이 보면 훨씬 이해가 쉬울 거야.

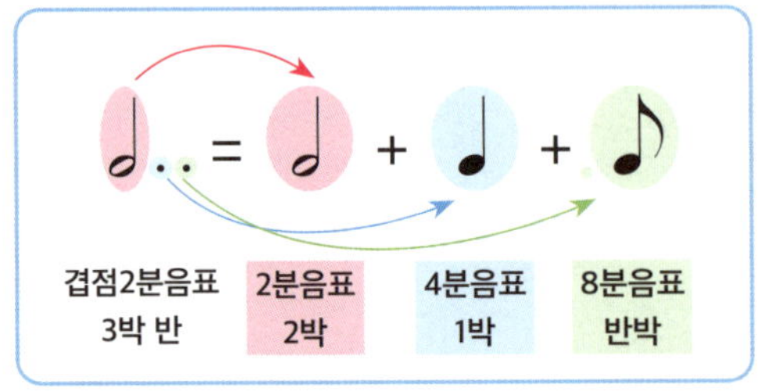

이름	쉼표	박자 수
점2분쉼표	▬•	3박 쉼
점4분쉼표	𝄽•	1박 반 쉼
점8분쉼표	𝄾•	반박 반 쉼
겹점2분쉼표	▬••	3박 반 쉼

원래 박자 길이의 절반만큼 더해 준다는 '점'의 원리는 쉼표에서도 똑같이 적용돼.

▬• 점2분쉼표를 살펴볼까? ▬ 2분쉼표에 • 점이 붙으면 2분쉼표의 절반인 1박이 더해져서 총 3박을 쉰다는 의미가 돼. 나머지 박자는 그림으로 정리해 보자.

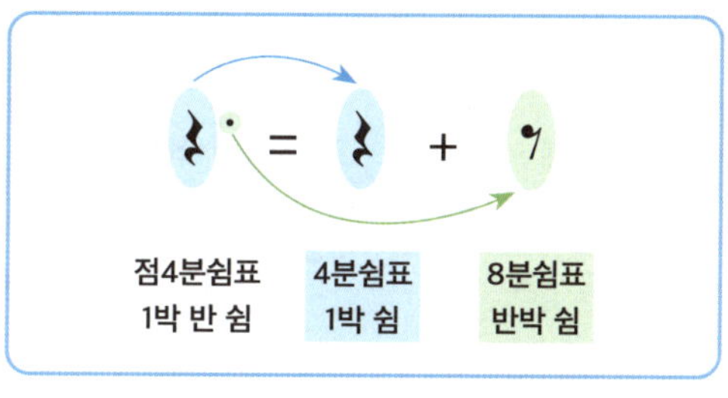

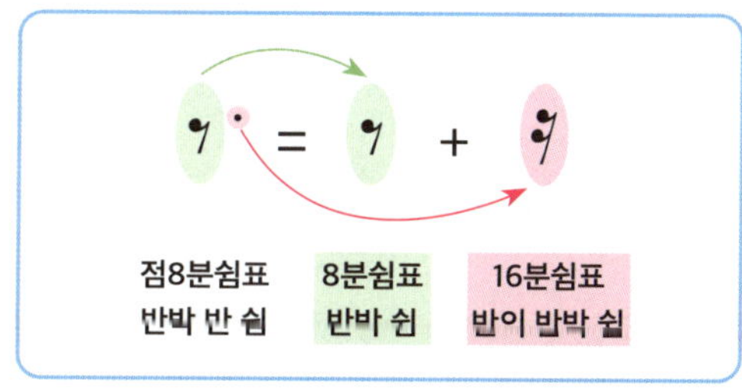

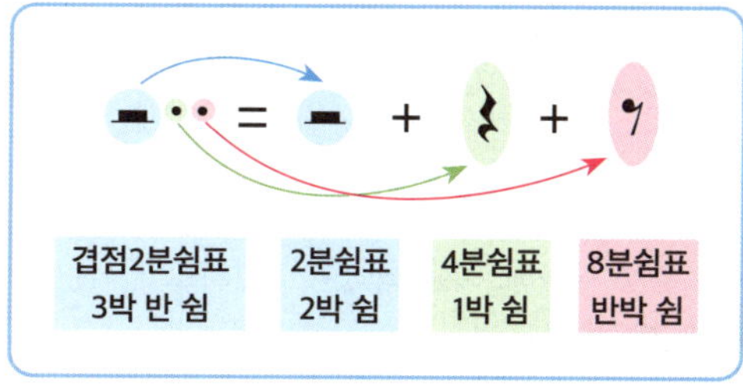

5강. 마디와 세로줄

오선에 마디를 구분하는 세로줄을 본 적 있지? 세로줄은 박자를 구분하기 위해 세로로 그어진 줄이야! 음악을 일정한 박 단위로 끊어서 읽기 쉽게 만들어 주는 역할을 하지. 끝세로줄은 곡이 끝날 때 사용하고 굵기가 다른 두 개의 세로줄을 말해.

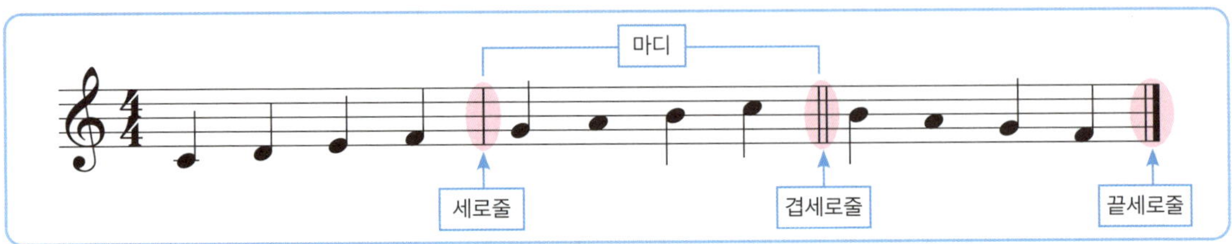

겹세로줄은 단순히 마디만 나누는 것이 아니라, 음악의 흐름에 중요한 변화를 알려주는 표시야.

① 곡의 형식을 구분할 때
노래가 A파트에서 B파트로 넘어가거나, 인트로가 끝나고 벌스로 넘어갈 때 등등 곡의 파트 전환을 알리기 위해 겹세로줄을 써서 구분해.

② 조표가 바뀔 때
노래 중간에 조성이 바뀌는 걸 전조(Transpose)라고 해. 전조가 일어날 때는, 새로운 조표가 시작되는 마디 앞에 겹세로줄을 꼭 그려 줘야 해.

③ 박자표가 바뀔 때
곡의 박자가 중간에 달라질 때도 겹세로줄을 사용해. 예를 들어 4/4 박자로 시작한 곡이 3/4 박자로 바뀐다면, 박자표가 새롭게 표시되는 첫 마디 앞에 겹세로줄을 사용해.

④ 연주 지시어를 사용할 때
이탈리어로 '끝'을 의미하여 '곡 중간에 반복 기호가 있더라도 음악을 끝내라'는 뜻의 *Fine* (피네)와 같이 연주 순서를 지시하는 기호가 붙을 때면 겹세로줄을 사용해.

6강. 박자표

박자는 크게 홑박자, 겹박자, 혼합박자로 나눌 수 있어. 먼저 홑박자부터 알아보자. 홑박자는 한 박자의 단위가 되는 박이 한 개라서 붙은 이름이고 '2박 · 3박 · 4박'이 있어.

4분의 2박자

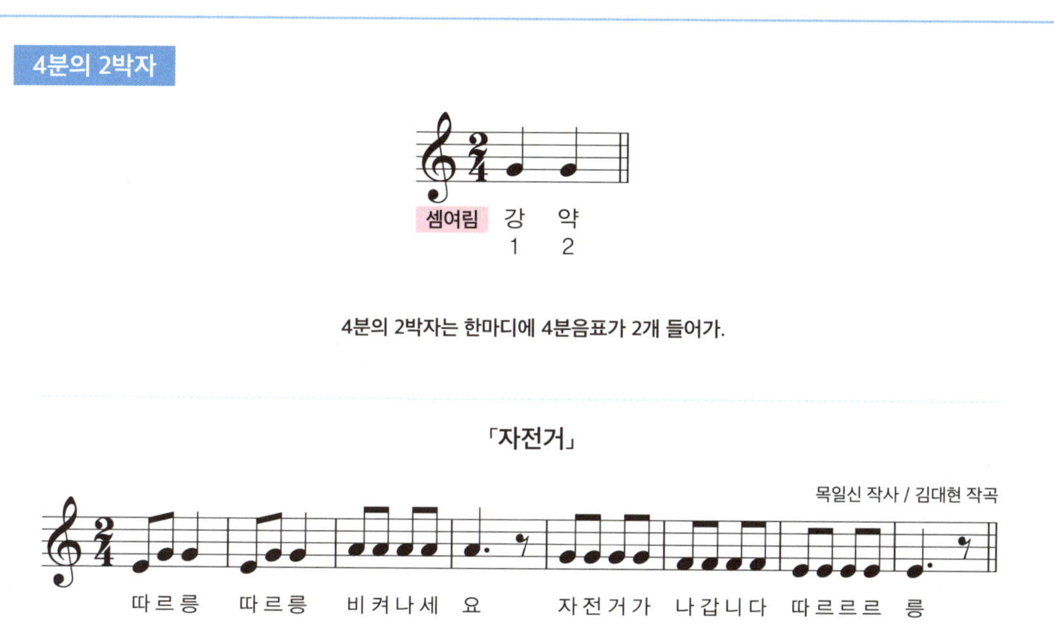

4분의 2박자는 한마디에 4분음표가 2개 들어가.

「자전거」

목일신 작사 / 김대현 작곡

4분의 3박자

4분의 3박자는 한마디에 4분음표가 3개 들어가.

「옹달샘」

윤석중 작사 / Friedrich Silcher 작곡

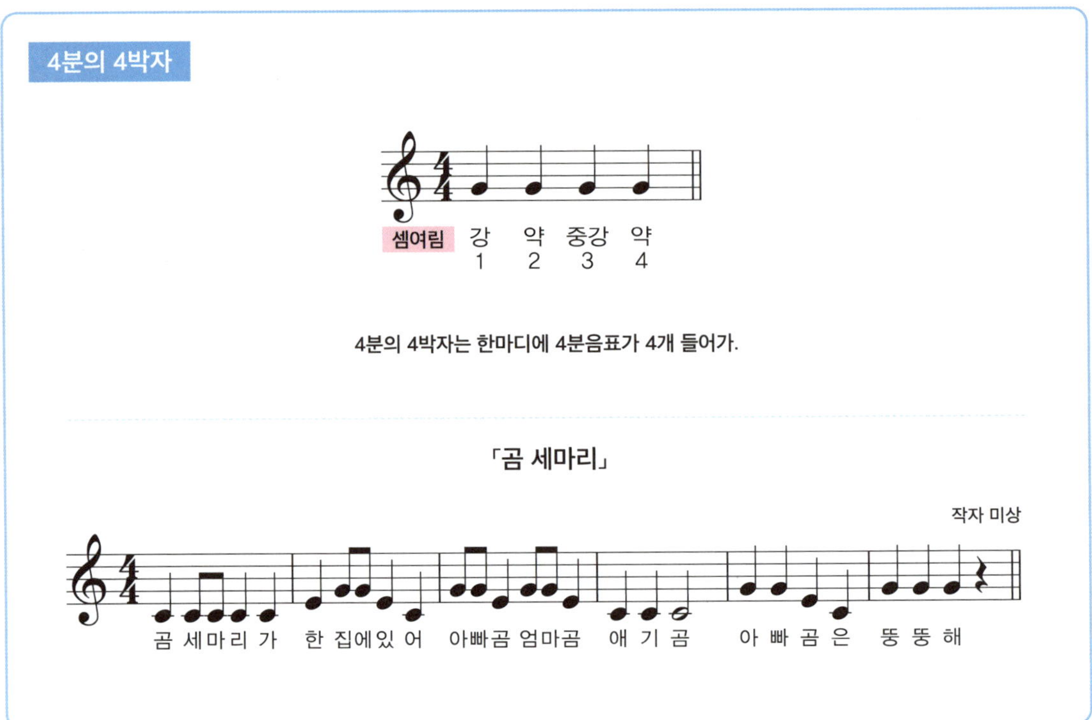

4분의 4박자는 한마디에 4분음표가 4개 들어가.

「곰 세마리」

작자 미상

겹박자에 대해서 알아보자.

겹박자는 한 박자 안에서 두 개 이상의 리듬으로 나누어지는 박자를 말해. 종류로는 6박, 9박, 12박이 있어.

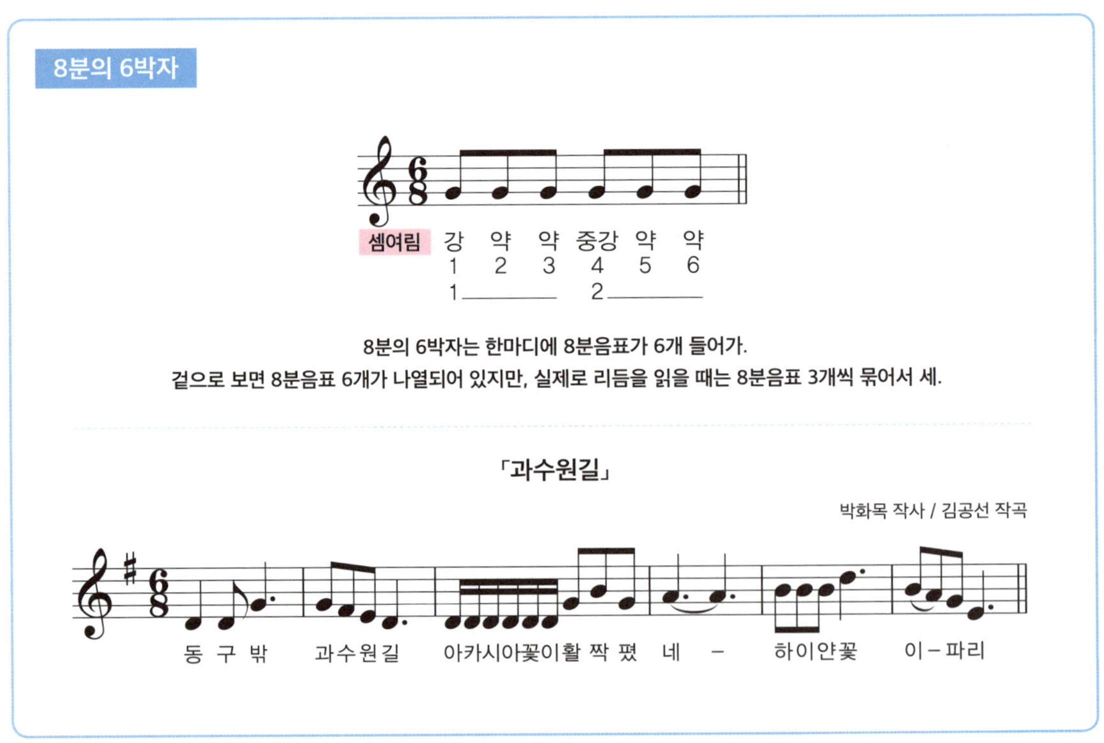

8분의 6박자는 한마디에 8분음표가 6개 들어가.
겉으로 보면 8분음표 6개가 나열되어 있지만, 실제로 리듬을 읽을 때는 8분음표 3개씩 묶어서 세.

「과수원길」

박화목 작사 / 김공선 작곡

8분의 9박자는 한 마디 안에 8분음표가 9개 들어가.
겉으로 보면 8분음표 9개가 나열되어 있지만, 실제로 리듬을 읽을 때는 8분음표 3개씩 묶어서 세.

「아리랑」

작자 미상

8분의 12박자는 한 마디 안에 8분음표가 12개 들어 가.
겉으로 보면 8분음표 12개가 나열되어 있지만, 실제로 리듬을 읽을 때는 8분음표 3개씩 묶어서 세.

「여수 밤바다」

장범준 작사 / 장범준 작곡

"그럼 5/4박도 있나요?" 당연하지! 대표적으로 재즈 곡 'Take Five'가 바로 5/4박으로 쓰였어.

「Take five」

Paul Desmond 작곡

이렇게 한마디가 다섯 박으로 이루어져 있지.

홑박자를 세분화해서 읽어 볼까? 8분음표 단위로 읽는 다면 '1(원) &(앤) 2(투) &(앤)', 16분음표 단위로 쪼 개서 읽는다면 '1(원) e(이) &(앤) a(아) 2(투) e(이) &(앤) a(아)' 라고 읽어.

겹박자를 세분화해서 읽는 방법은, 8분음표 단위로 쪼개서 '1(원) la(라) li(리) 2(투) la(라) li(리)'라고 읽어.

7강. 반음과 온음

얘들아 안녕? 오늘은 반음과 온음에 대해서 배워 볼거야.

반음은 음과 음 사이가 가장 가까운 간격을 말해. 즉, 두 음 사이에는 아무 음도 존재하지 않아.

그럼 온음은 뭘까? 두 음 사이에 한 음이 존재하는 거야. 즉, 반음이 두 개 모이면 온음이 되는 거지.

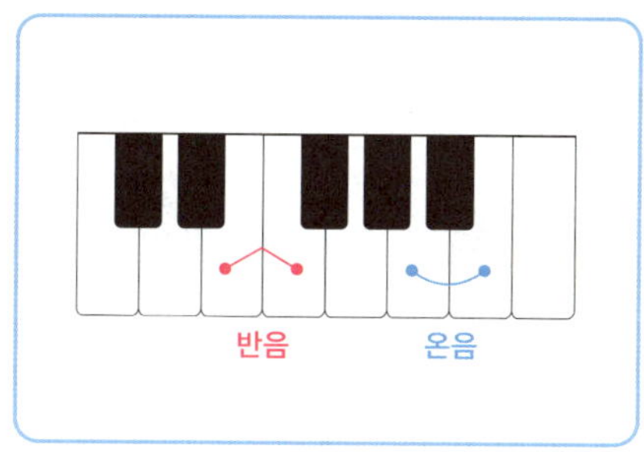

자, 그럼 반음과 온음을 자세히 살펴볼까?

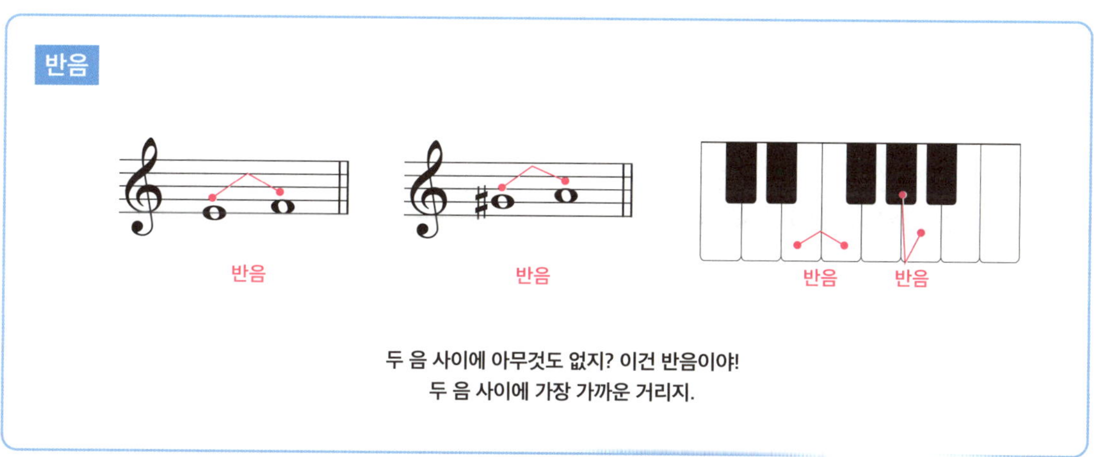

두 음 사이에 아무것도 없지? 이건 반음이야!
두 음 사이에 가장 가까운 거리지.

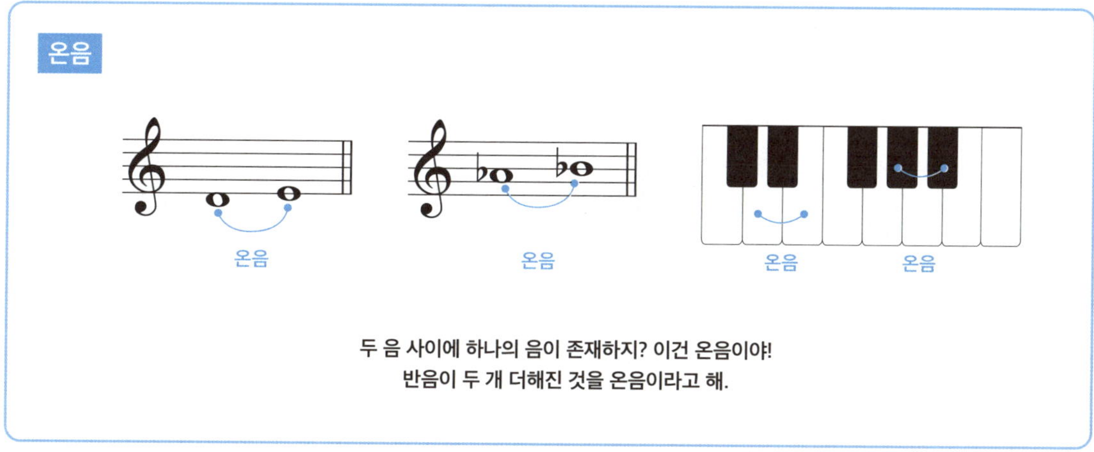

두 음 사이에 하나의 음이 존재하지? 이건 온음이야!
반음이 두 개 더해진 것을 온음이라고 해.

8강. 변화표

음의 높이를 올리거나 내리는 등, 곡 안에서 음정의 변화를 지시하는 기호를 '변화표'라고 해. 아래 설명과 함께 자세히 알아보자.

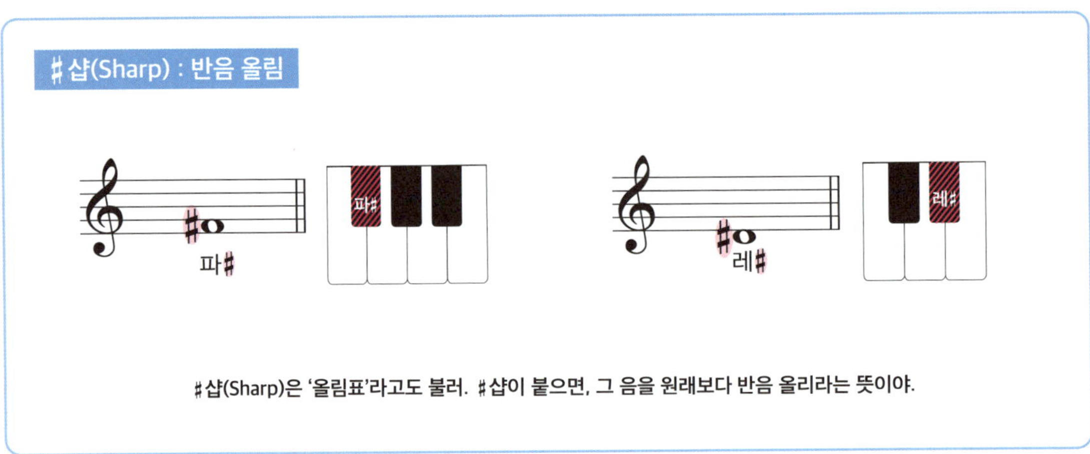

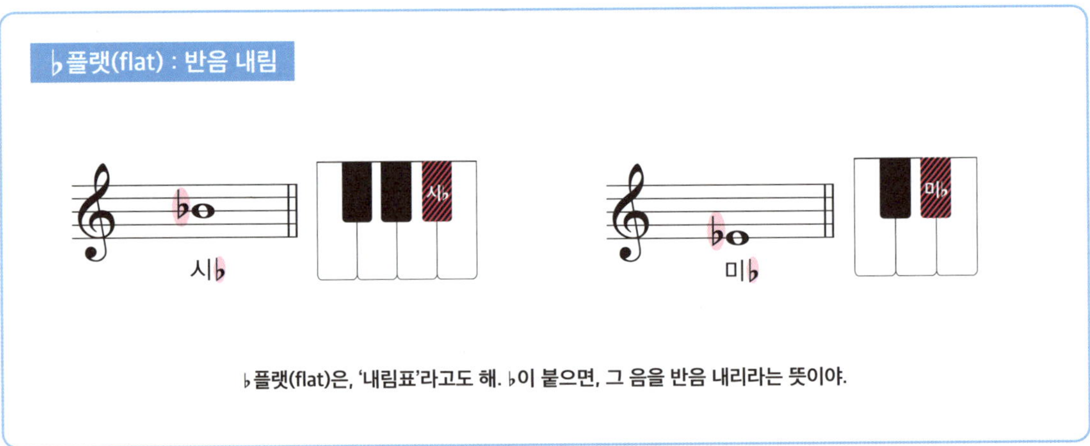

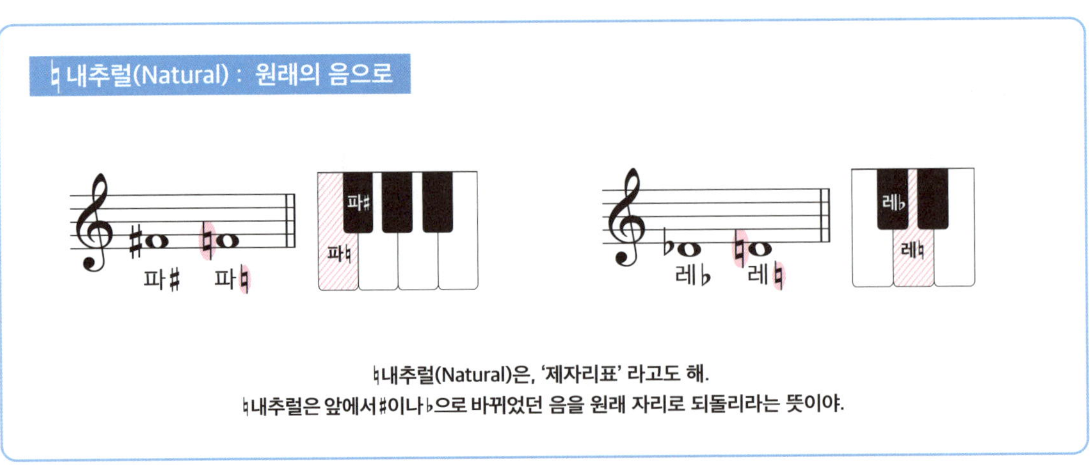

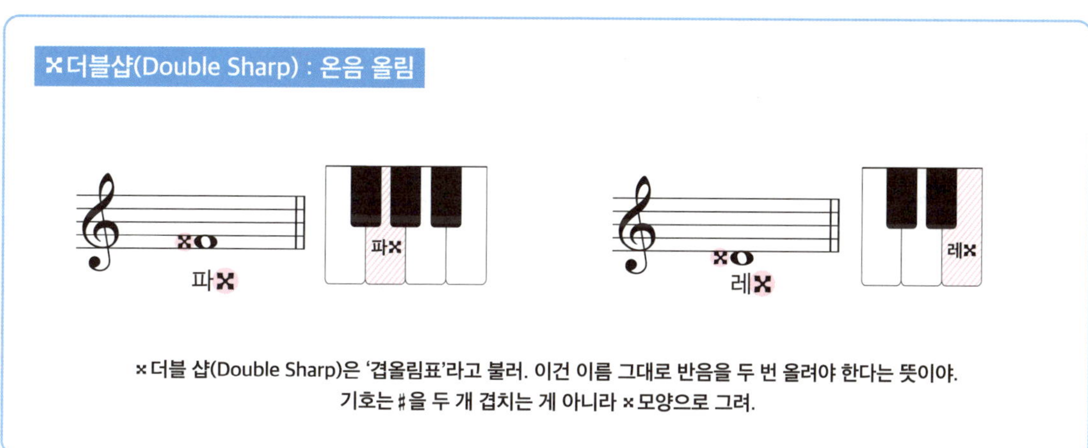

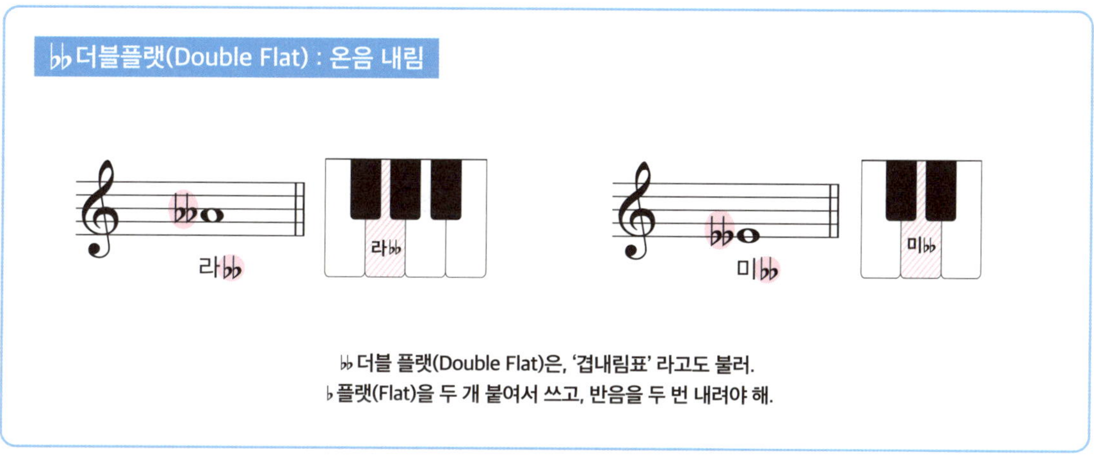

여기서 꼭 알아둬야 할 포인트! 임시표는 한 마디 안에서만 효력이 있어. 그리고 같은 음역대에 있는 음들한테만 적용돼. 아래 악보를 한번 같이 볼까?

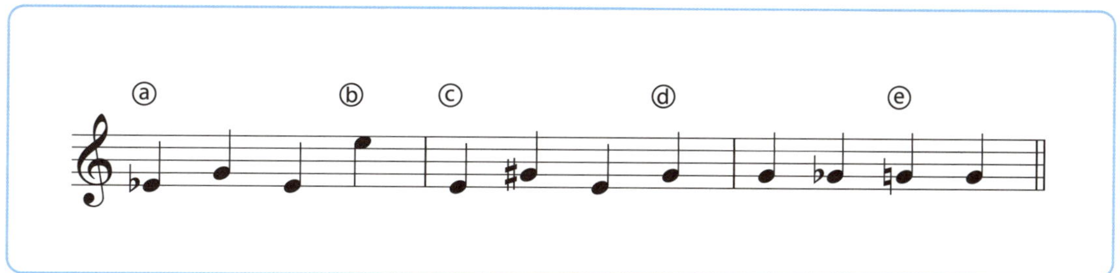

ⓐ 는 앞에 붙은 ♭때문에 '미♭'야. ⓑ 는 ⓐ 와 같은 '미'지만 한 옥타브 위 음역대라서 앞의♭이 적용되지 않아서 그냥 '미'야. ⓒ 는 앞의 마디와 같은 음역대지만, 마디가 바뀌면 임시표의 효력이 없어져. 그냥 '미'야! ⓓ 는 한 마디의 같은 음역대에 솔에 ♯이 붙어있으니 '솔♯'이야. ⓔ 는 ♮이 붙었으니 '솔♭'이 아니라 '솔'이야.

✏️ 자, 문제 같이 풀어볼까?

1 빈 칸에 알맞은 이름을 써 보세요.

2 음자리표를 보고 빈 칸에 알맞은 계이름을 써 보세요.

3 빈 칸을 알맞게 채워 보세요.

이름	기호	박자 수
4분쉼표		
점2분음표		3박
	𝄽	
겹점2분음표		

4 빈 칸에 알맞은 이름을 써 보세요.

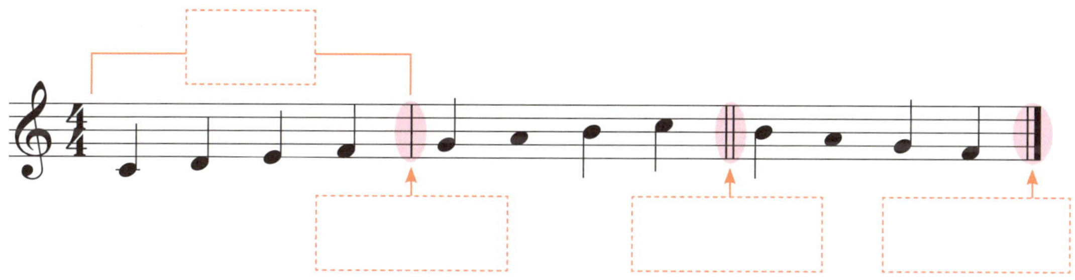

5 빈 칸에 알맞은 박자표를 써 보세요.

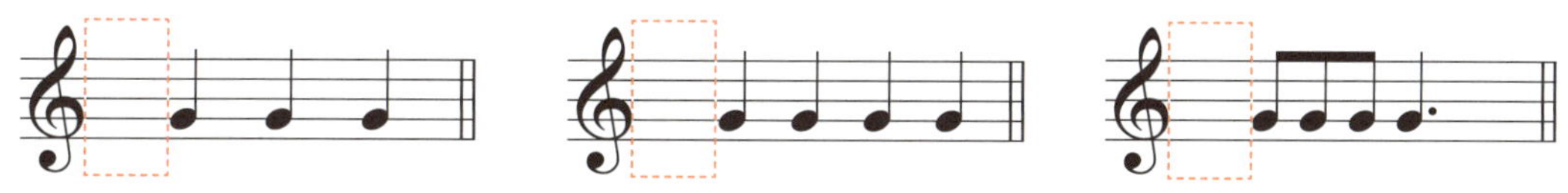

6 그림을 보고 반음인지 온음인지 빈 칸을 알맞게 채워 보세요.

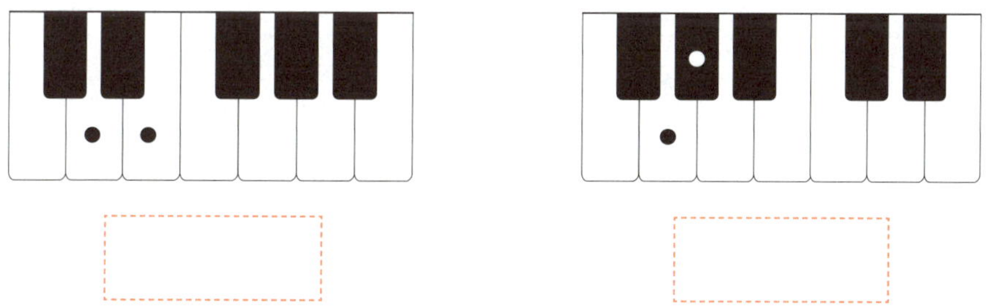

7 빈 칸에 알맞은 계이름을 써 보세요.

PART 2.

악보 속 길 찾기 :
반복과 빠르기, 그리고 셈여림

9강. 도돌이표

도돌이표는 연주자가 '이 부분을 다시 한번!' 하고 돌아가도록 안내하는 기호야.
보통 세로줄 옆에 점 두 개가 붙어 있는 모양으로 표시돼. 위치와 개수에 따라 반복해야 하는 구간이 달라지기 때문에, 차근차근 익혀두면 악보를 훨씬 편할 거야! 자세히 알아볼까?

마지막 마디에 단독으로 사용될 때

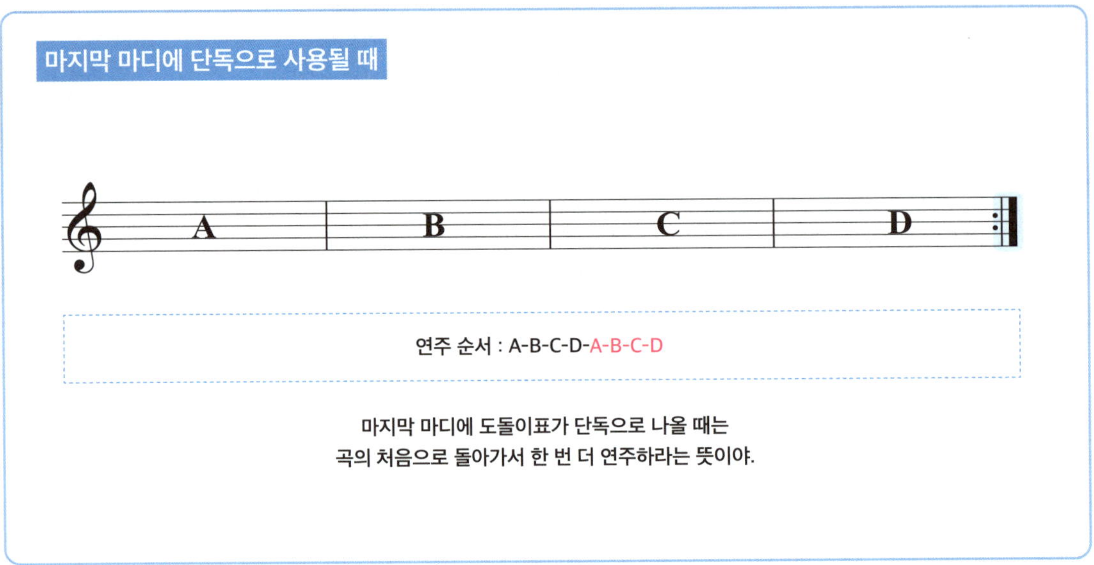

도돌이표가 앞·뒤로 한 쌍일 때

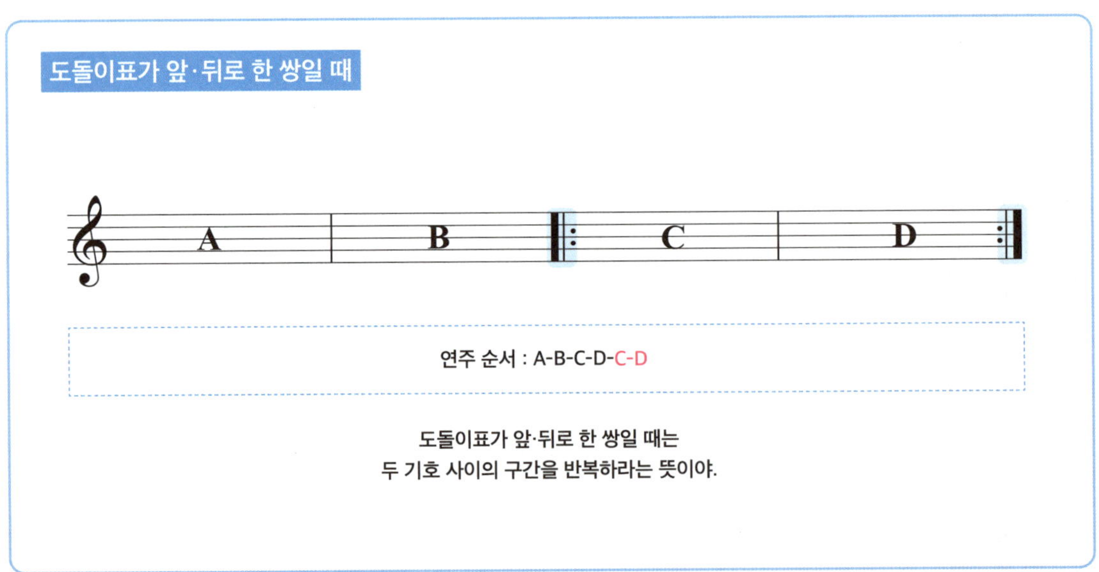

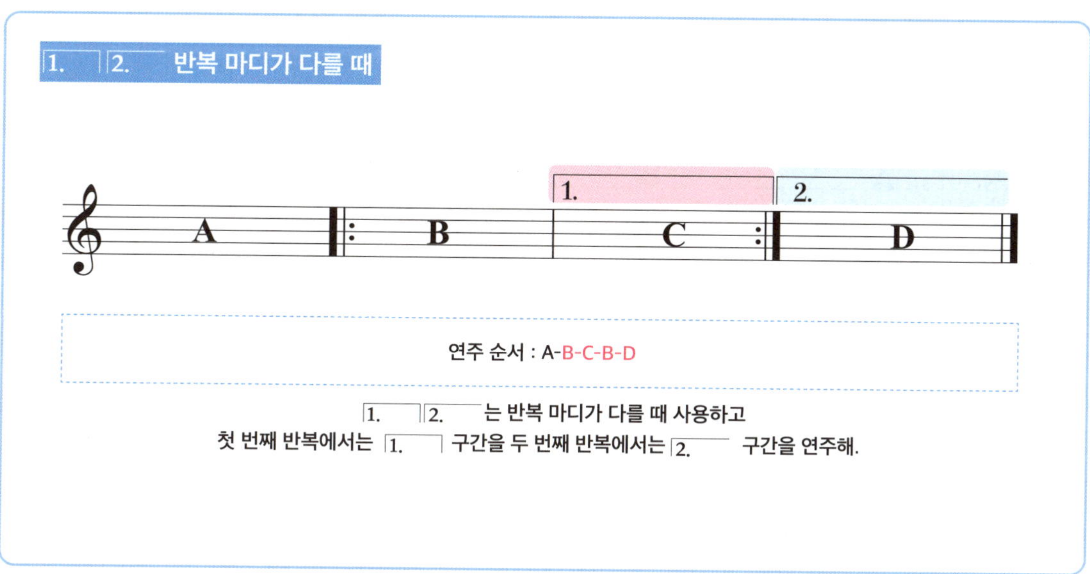

연주 순서 : A-B-C-B-D

첫 번째 반복에서는 1. 구간을 두 번째 반복에서는 2. 구간을 연주해.

알아두면 좋아! OKAY~?

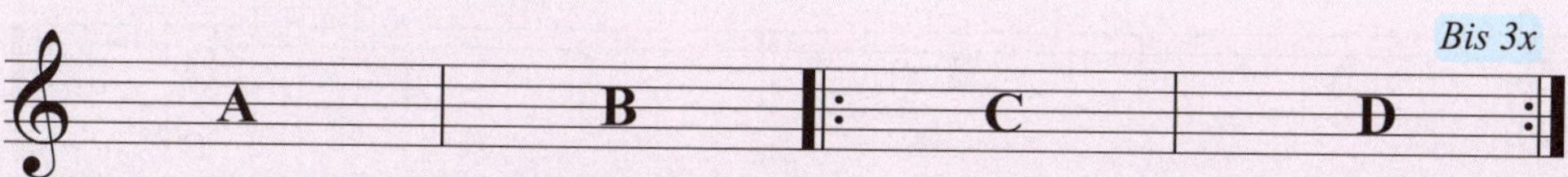

연주 순서 : A-B-C-D-C-D-C-D

Bis 기호는 '이 구간을 총 몇 번 반복해야 하는지'를 알려주는 표시야. 위 악보에서는 C-D 구간을 총 세 번 반복하라는 뜻이지. 일반 도돌이표가 단순히 '여기서 다시 돌아가!'만 알려준다면, *Bis* 표시는 '여기를 몇 번 반복해!'까지 명확하게 안내해 주는, 3번 이상 반복 될 때 쓰이는 친절한 반복 지시 기호라고 보면 돼!

10강. 반복기호

반복기호는 곡의 특정 구간을 다시 연주하라는 기호야. 도돌이표처럼 '다시 돌아가라'는 공통점이 있지만, 반복기호는 어디로 돌아가야 하는지, 어디에서 끝나는지, 몇 번 반복해야 하는지를 더 구체적으로 알려준다는 점이 달라. 자세히 살펴볼까?

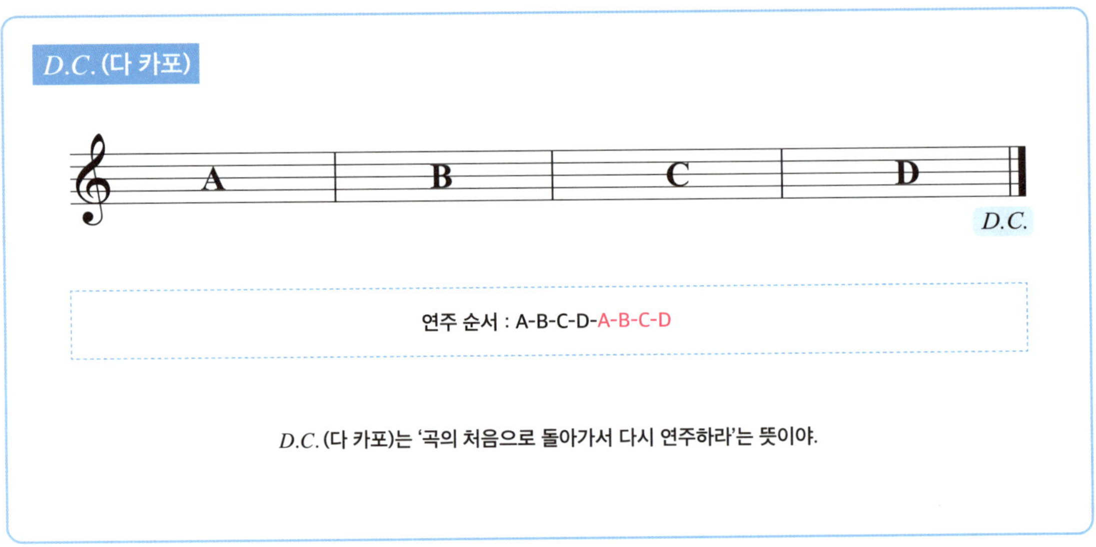

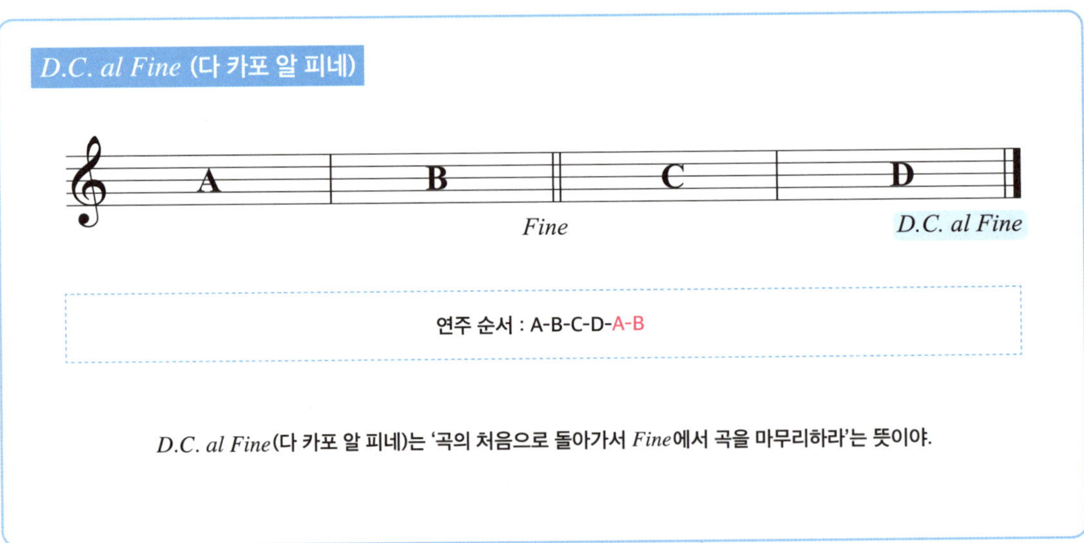

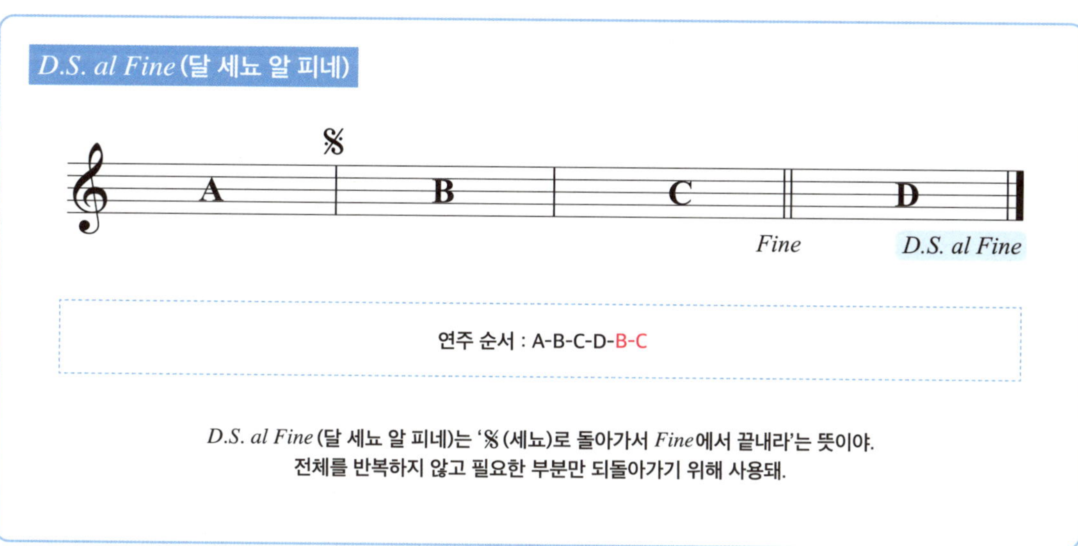

연주 순서 : A-B-C-D-B-C

D.S. al Fine (달 세뇨 알 피네)는 '𝄋(세뇨)로 돌아가서 *Fine*에서 끝내라'는 뜻이야.
전체를 반복하지 않고 필요한 부분만 되돌아가기 위해 사용돼.

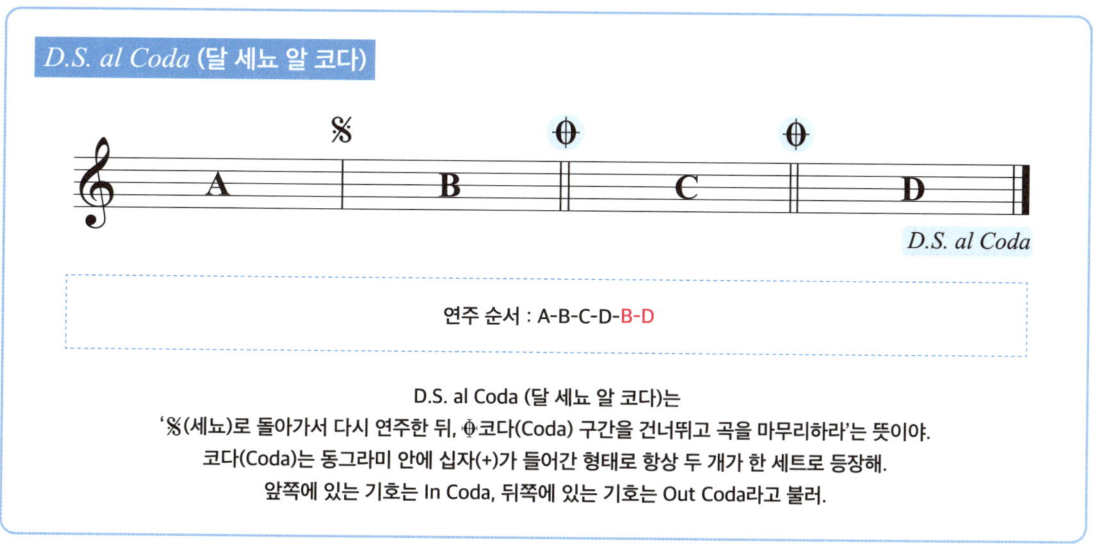

연주 순서 : A-B-C-D-B-D

D.S. al Coda (달 세뇨 알 코다)는
'𝄋(세뇨)로 돌아가서 다시 연주한 뒤, ⊕코다(Coda) 구간을 건너뛰고 곡을 마무리하라'는 뜻이야.
코다(Coda)는 동그라미 안에 십자(+)가 들어간 형태로 항상 두 개가 한 세트로 등장해.
앞쪽에 있는 기호는 In Coda, 뒤쪽에 있는 기호는 Out Coda라고 불러.

11강. BPM

BPM은 'Beats Per Minute'의 줄임말로, 1분에 발생하는 박의 횟수를 나타내는 숫자야. 쉽게 말해서 곡의 빠르기를 숫자로 표기해 주는 템포 단위라고 보면 돼.

예를 들어, BPM이 60이면 1분에 60박, 즉 1초에 1박이야. 따라서 4/4 박자에서 한 마디(4박)를 연주하는 데 4초가 걸려. 시계 초침이 한 번 움직일 때마다 한 박이라고 생각하면 이해하기 쉬워.

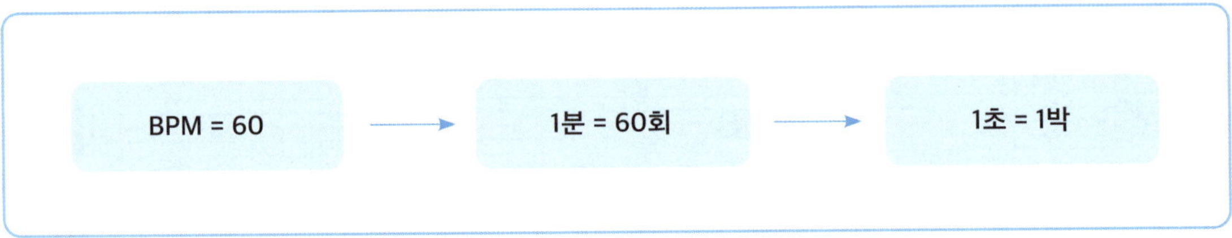

그럼 BPM이 120이면 어떻게 될까? 1분에 120박, 즉 1초에 2박이야. 따라서 4/4 박자 한 마디를 연주하는 데 2초가 걸리게 되지. 이런 방법을 활용해 메트로놈 없이도 시계 초침을 보면서 대략적인 BPM 감각을 익힐 수 있어.

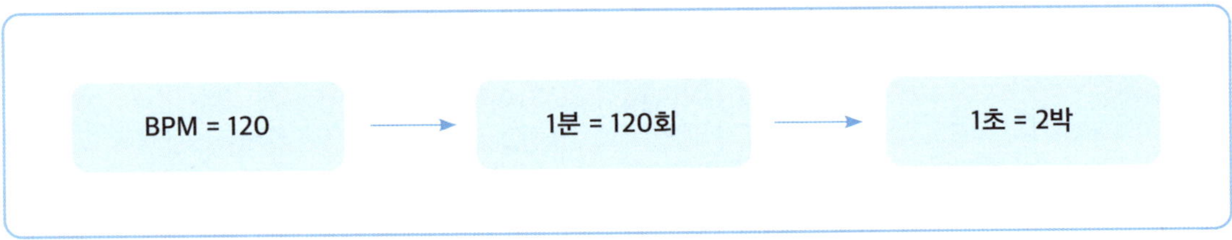

앞의 예시를 보면 알 수 있듯이, BPM 숫자의 크기와 곡의 속도는 서로 비례해. 숫자가 높을수록 곡의 속도도 빨라지고, 숫자가 낮을수록 곡의 속도도 느려지지. 그럼 BPM은 어떻게 표기하는지 자세히 알아보자.

♩ = 60

**4/4, 3/4, 2/4처럼 '한 박'의 기준이 4분음표인 박자에서는
4분음표(♩)를 기준으로 표기해.**

♩. = 60

**6/8이나 12/8처럼 8분음표가 여러 개 들어있는 박자에서는 박을 8분음표 단위로 세지 않아.
대신 8분음표 3개를 한 박으로 묶어서 점4분음표(♩.)를 기준으로 표기해.**

12강. 연주의 속도와 흐름

곡을 연주하다 보면, 항상 같은 속도로만 연주하는 게 아니라 중간중간 속도를 느리게 하거나, 점점 빠르게 하거나, 원래 빠르기로 돌아가라는 지시가 종종 나와. 이런 빠르기 지시어들은 곡의 흐름을 더 풍부하게 만들어 주는 중요한 표현 요소들이야.

기호	이름	뜻	참고
rit.	리타르단도	점점 느리게	곡이 마무리 되거나 차분한 분위기를 낼 때 자주 사용해.
accel	아첼레란도	점점 빠르게	곡의 긴장감이나 고조되는 분위기를 표현할 때 사용해.
a tempo	아 템포	원래 속도로 돌아가	빠르기의 기준점을 다시 잡아주는 역할이야.
Rubato.	루바토	박자에 얽매이지 않고 자유롭게 연주	곡의 감정을 더 풍부하게 표현할 때 사용해.

이렇게 눈썹에 눈동자가 찍힌 ◠ 모양을 페르마타(Fermata)라고 해. 페르마타는 크게 두 가지 기능을 가지고 있어. 어디에 붙느냐에 따라 길게 늘여주는 늘임표 기능도 하고, 마침표처럼 곡을 끝내는 기능도 해. 이제 아래에서 하나씩 살펴보자.

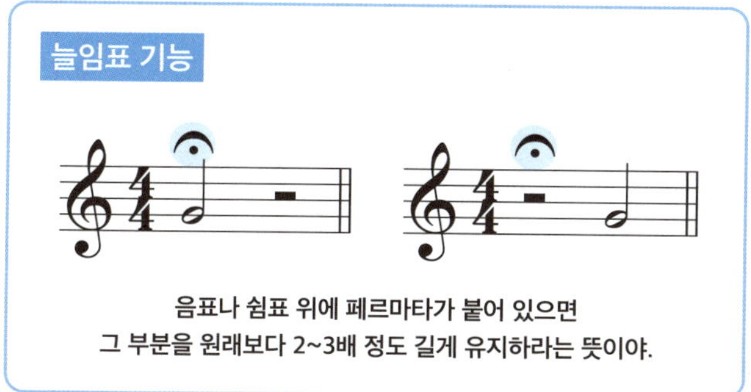

음표나 쉼표 위에 페르마타가 붙어 있으면
그 부분을 원래보다 2~3배 정도 길게 유지하라는 뜻이야.

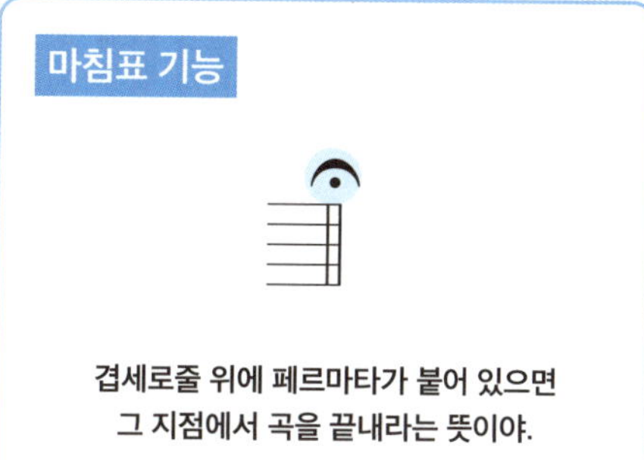

겹세로줄 위에 페르마타가 붙어 있으면
그 지점에서 곡을 끝내라는 뜻이야.

페르마타는 붙는 위치에 따라 역할이 분명하게 달라져. 음표나 쉼표 위에서는 길게, 겹세로줄 위에서는 곡의 끝을 뜻해. 꼭 기억해~!

13강. 셈여림

셈여림은 소리의 세기를 나타내는 말이야. 악보에 적힌 기호를 보고 소리를 얼마나 여리게(*p*), 혹은 세게(*f*) 연주해야 하는지 알 수 있어.

기호	이름	뜻
pp	피아니시모 (pianissimo)	매우 여리게
p	피아노 (piano)	여리게
mp	메조피아노 (mezzo piano)	조금 여리게
mf	메조포르테 (mezzo forte)	조금 세게
f	포르테 (forte)	세게
ff	포르티시모 (fortissimo)	매우 세게

mezzo(메조)는 '조금'이라는 뜻이야. 그래서 *mp*는 '조금 여리게' *mf*는 '조금 세게'지! 이제 이 기호들을 보고 곡의 전체적인 셈여림을 정확하게 표현할 수 있겠지?

곡을 연주하다 보면, 일정한 소리의 크기에서 점점 세지거나, 점점 여려지는 변화를 나타내는 지시어도 종종 등장해. 이런 기호들은 단순한 소리 크기 조절을 넘어서, 곡의 흐름을 자연스럽게 연결해 주고 감정을 표현하는데 중요한 역할을 해.

기호	이름	뜻
cresc. ◁	크레셴도 (Crescendo)	점점 세게
decresc. ▷	데크레셴도 (Decrescendo)	점점 여리게
dim.	디미누엔도 (Diminuendo)	

해답은 여기서 바로 확인해 봐! ▶

✏ 자, 문제 같이 풀어볼까?

1 악보를 보고 빈 칸에 마디의 순서를 써 보세요.

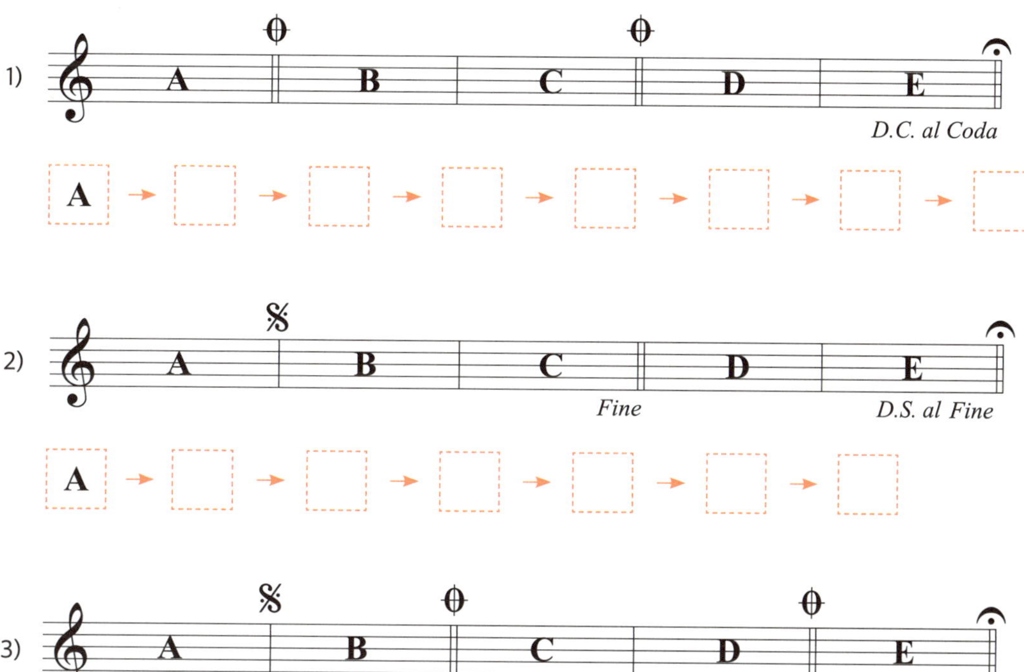

2 빈 칸을 알맞게 채워 보세요.

1) ♩=120으로 4마디를 연주하면 시간은 얼마나 걸릴까요?

2) *rit.* 의 뜻을 쓰세요.

3) *Rubato.* 의 뜻을 쓰세요.

4) '점점 세게'라는 의미를 가진 기호를 그리세요.

5) *mf* 의 뜻을 쓰세요.

6) *decresc.* 의 뜻을 쓰세요.

PART 3.
너와 나의 거리, '음정'

14강. 음정 (Interval)

평소 거리를 잴 때는 밀리미터(mm), 센티미터(cm), 미터(m), 킬로미터(km)와 같은 단위를 쓰지? 음악에서도 마찬가지로, 두 음 사이의 거리를 나타내는 단위가 있어. 그걸 바로 음정(Interval)이라고 해!

조금 더 자세히 말하자면, 출발하는 음에서부터 도착하는 음까지, 가장 낮은 음부터 높은 음까지의 거리를 세는 거야. 아래 예시를 통해 같이 확인해 보자.

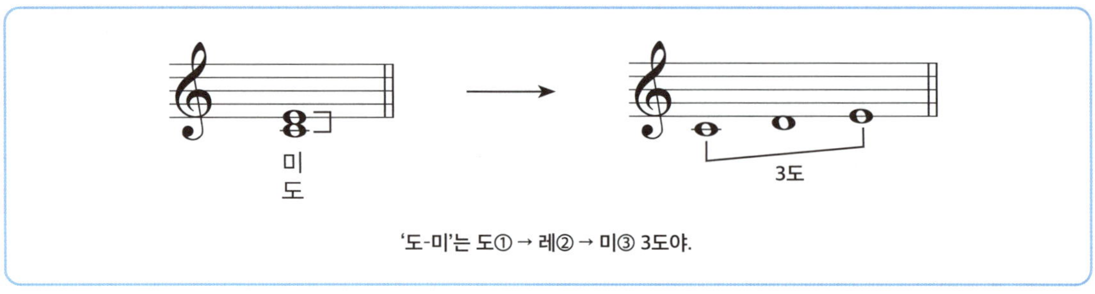

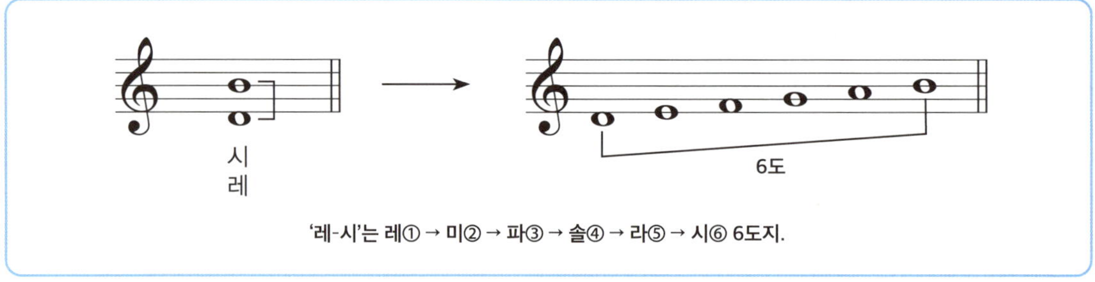

지금까지는 두 음 사이가 몇 도인지 세어봤어. 그런데 음악에서는 단순한 단위를 넘어 각 음정이 어떤 성격을 가지는지도 구분해야 해.

아래 예시를 볼까?

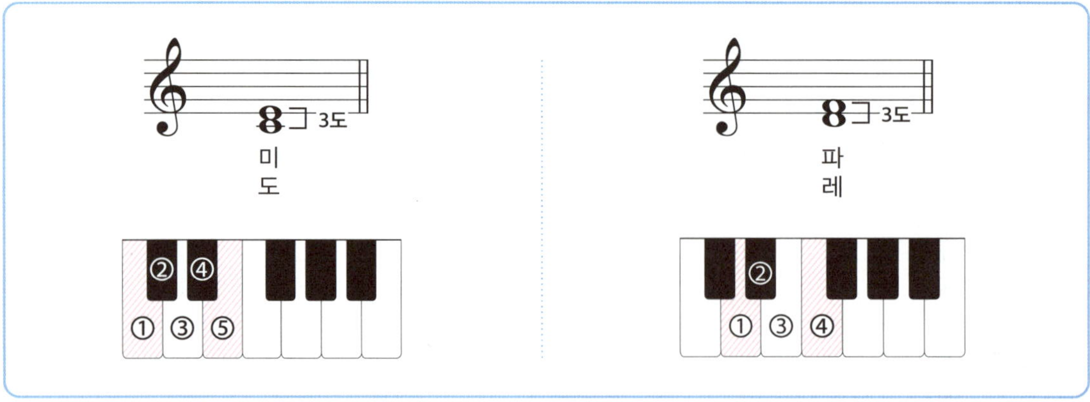

'도-미'와 '레-파'는 둘 다 3도지만, 건반에서 보면 간격이 다르지? 이렇게 같은 3도라도 반음의 수에 따라 실제 느낌과 성격이 달라질 수 있어. 그럼 이제 음정을 정확히 구분하는 방법을 알아보자.

음정을 구분하는 첫 단계는 두 음 사이에 몇 개의 반음이 있는지 계산하는 거야. 여기서 반음이라는 건, 건반으로 볼 때 사이에 다른 건반이 없는, 즉 가장 가까운 건반을 말하지. 예를 들어 '미-파, '시-도'같은 경우가 바로 반음이야. 그럼 앞서 나왔던 예시의 반음을 세어볼까?

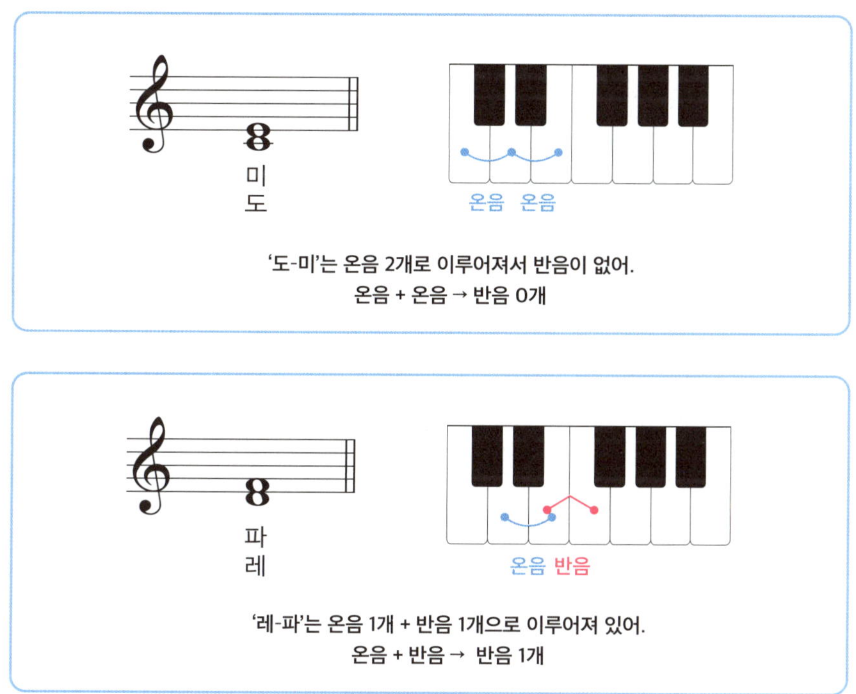

즉, 같은 3도라도 반음의 개수에 따라 성격이 다르다는 거지.

이 원리는 모든 음정에서 똑같이 적용돼! 그리고 도수·반음 조합에 따라 붙는 이름(완전, 장, 단, 증, 감)이 있어. 아래 표만 익혀두면 어떤 음정도 빠르고 정확하게 구할 수 있어. 뒤에서 좀 더 자세히 배워볼게~!

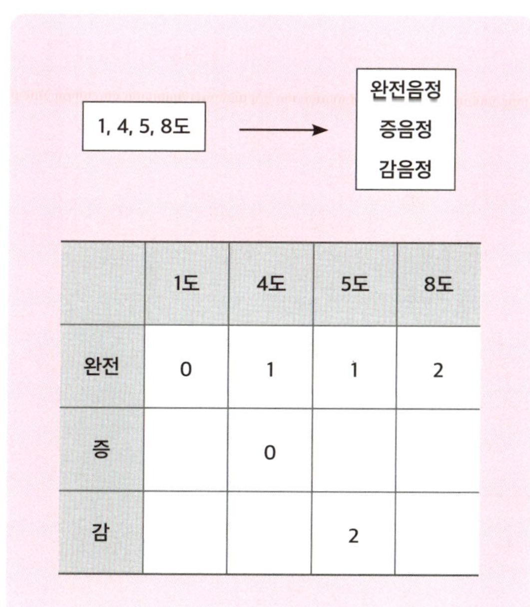

	1도	4도	5도	8도
완전	0	1	1	2
증		0		
감			2	

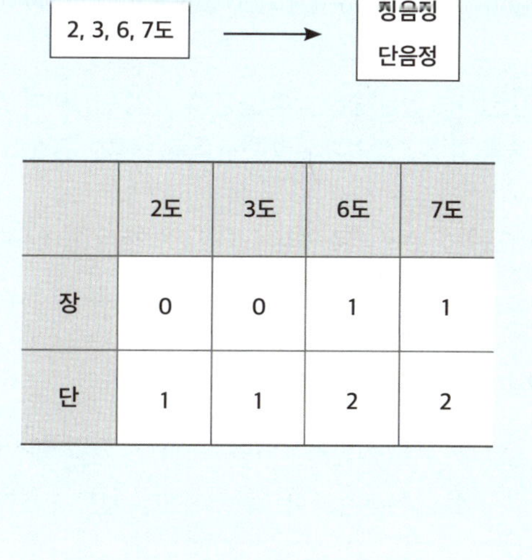

	2도	3도	6도	7도
장	0	0	1	1
단	1	1	2	2

15강. 온음계적 음정

1도, 4도, 5도, 8도는 반음의 개수에 따라 완전음정, 증음정, 감음정으로 나눌 수 있어. 그리고 2도, 3도, 6도, 7도는 반음의 개수에 따라 장음정, 단음정으로 나눌 수 있지. 표를 볼 때는 딱 두 가지만 기억하면 돼.

성격 \ 도수	1도	4도	5도	8도
완전	0	1	1	2
증		0		
감			2	

성격 \ 도수	2도	3도	6도	7도
장	0	0	1	1
단	1	1	2	2

가장 왼쪽에 있는 ③은 성격(완전·증·감·장·단), 위에 있는 ①은 도수를 뜻해.
이 둘을 합쳐서 우리가 알고 있는 음정 이름이 완성되는 거야.

아래 규칙을 순서대로 기억하면 음정 이름을 쉽게 구할 수 있어.

> 1. 두 음 사이가 몇 도인지 확인한다.
>
> 2. 두 음 사이에 반음이 몇 개인지 확인한다. (미-파 / 시-도)
>
> 3. 도수 줄에서 반음 개수에 맞는 칸을 고르면 성격이 나온다. 도수와 성격을 합치면 음정 이름 완성!

그럼 이제, 두 음 사이가 몇 도이고 반음이 몇 개인지만 확인해서 표에 쏙 넣어보자! 음정 이름을 쉽게 구할 수 있어!

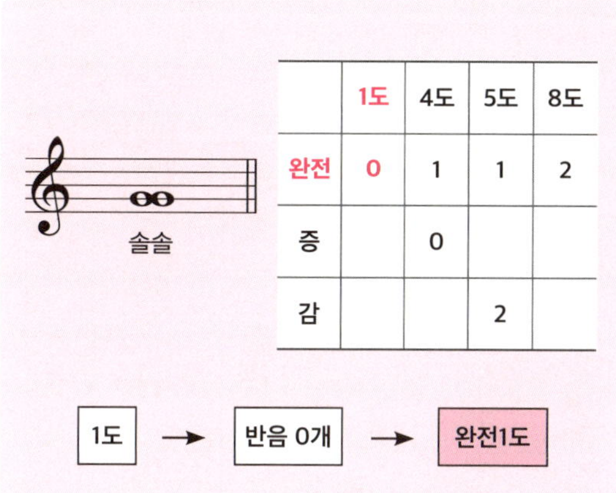

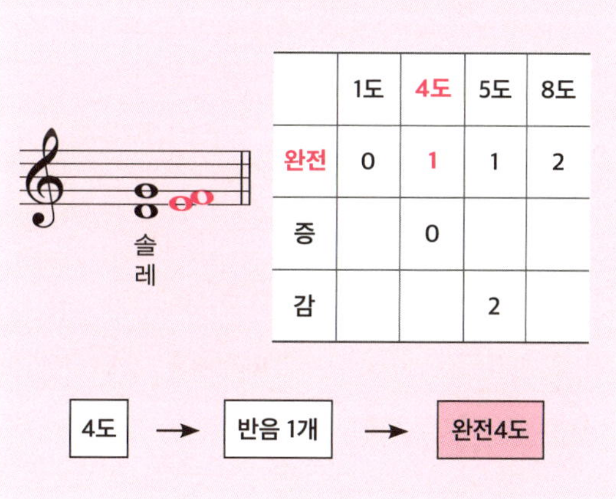

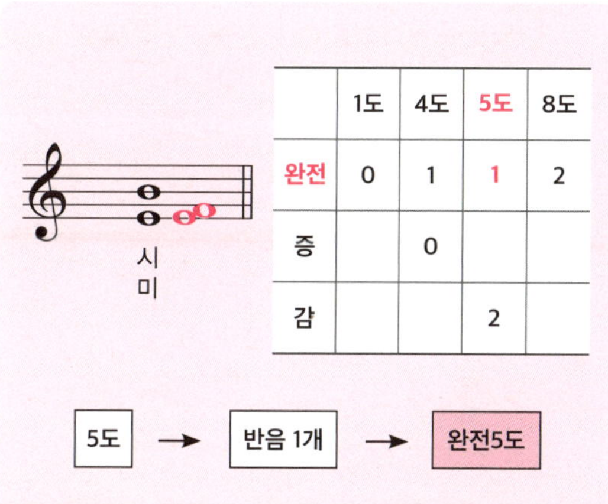

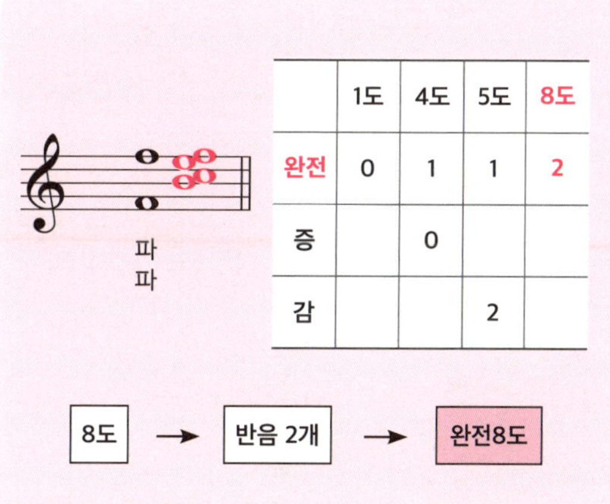

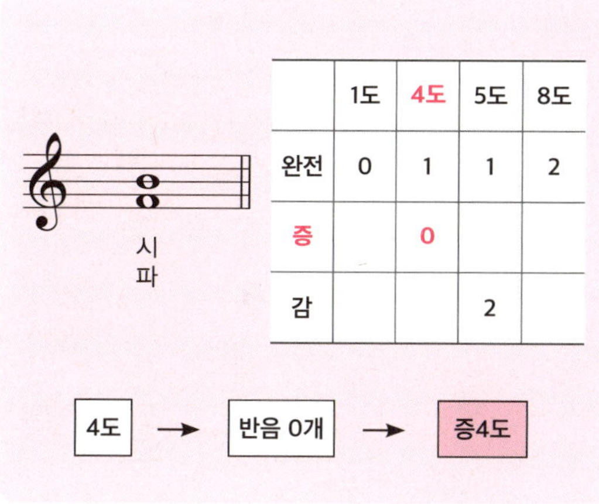

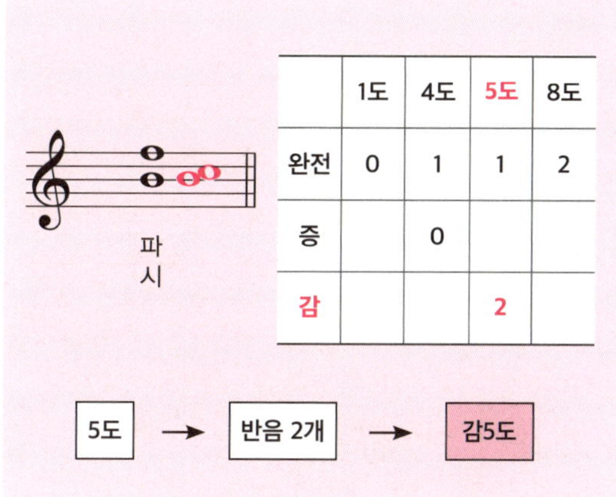

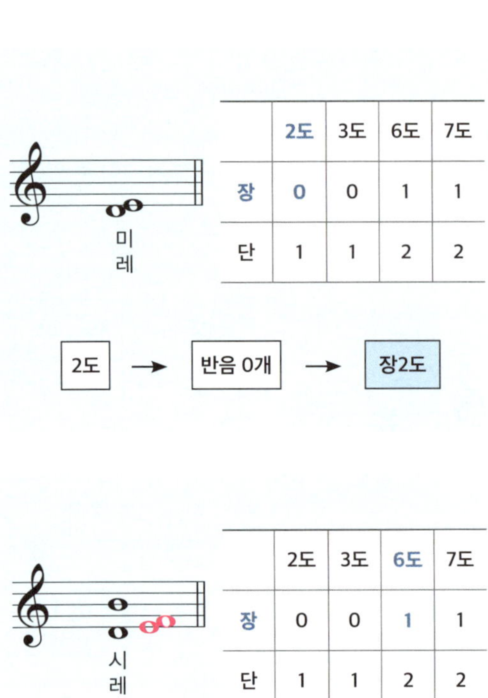

	2도	3도	6도	7도
장	0	0	1	1
단	1	1	2	2

2도 → 반음 0개 → 장2도

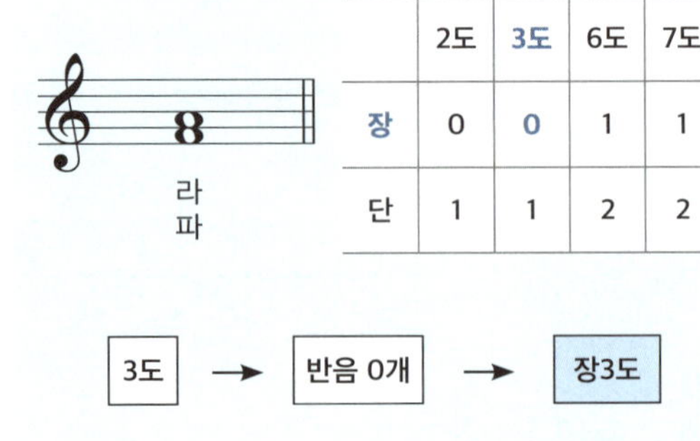

	2도	3도	6도	7도
장	0	0	1	1
단	1	1	2	2

3도 → 반음 0개 → 장3도

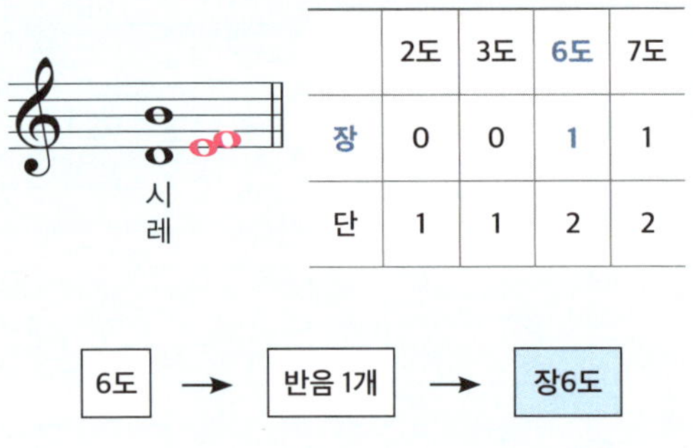

	2도	3도	6도	7도
장	0	0	1	1
단	1	1	2	2

6도 → 반음 1개 → 장6도

	2도	3도	6도	7도
장	0	0	1	1
단	1	1	2	2

7도 → 반음 1개 → 장7도

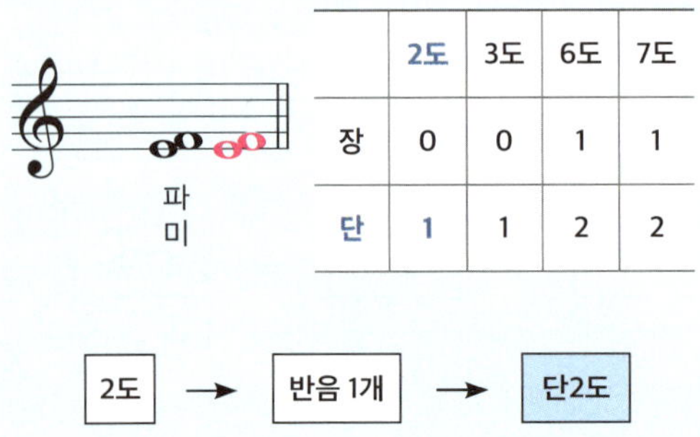

	2도	3도	6도	7도
장	0	0	1	1
단	1	1	2	2

2도 → 반음 1개 → 단2도

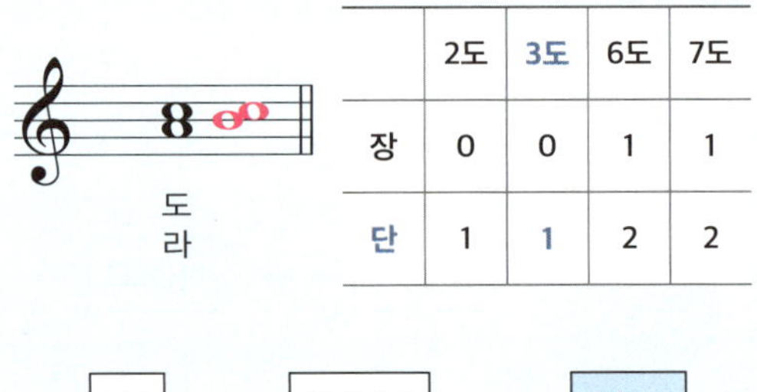

	2도	3도	6도	7도
장	0	0	1	1
단	1	1	2	2

3도 → 반음 1개 → 단3도

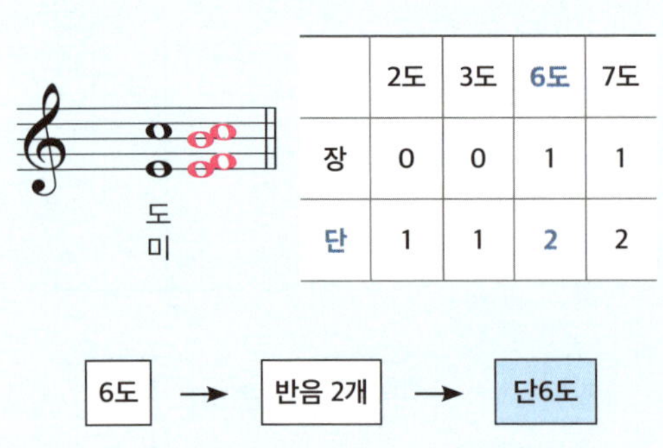

	2도	3도	6도	7도
장	0	0	1	1
단	1	1	2	2

6도 → 반음 2개 → 단6도

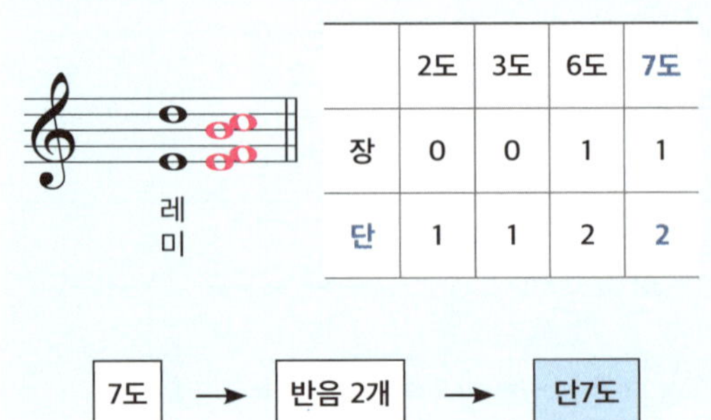

	2도	3도	6도	7도
장	0	0	1	1
단	1	1	2	2

7도 → 반음 2개 → 단7도

완전음정(1도, 4도, 5도, 8도) 장·단음정(2도, 3도, 6도, 7도)을 쉽게 외우는 방법이 있어! W 모양을 레고처럼 각지게 그려봐! 그럼 윗줄에는 1, 4, 5, 8이 남고 아랫줄에는 2, 3, 6, 7이 남거든? 윗줄은 완전음정, 아랫줄은 장·단음정의 기본이 되는거야!

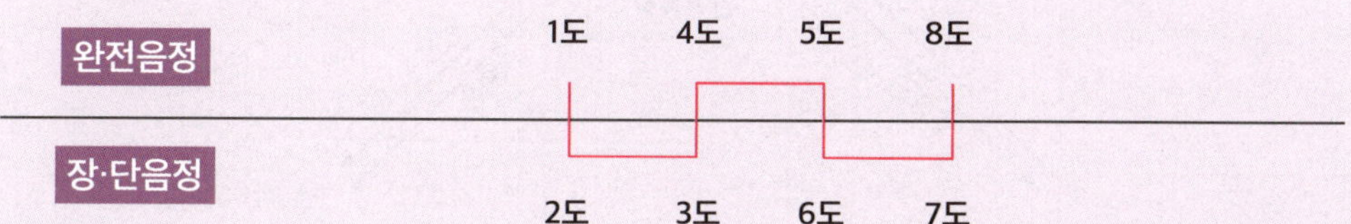

그리고 음정을 검은 건반까지 포함한 '모든 반음의 개수'로 외우는 방법도 있어.
완전1도, 장2도, 장3도, 완전4도, 완전5도, 장6도, 장7도, 완전8도는 반음 개수가 각각 0, 2, 4, 5, 7, 9, 11개야.

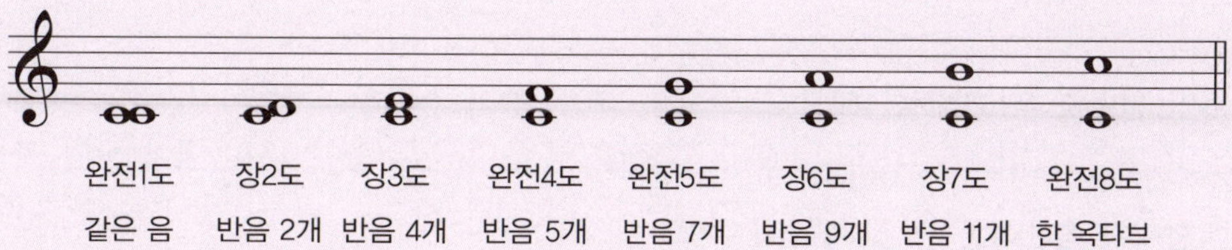

이걸 외우기 쉽게 리듬처럼 읽어볼까? "일, 이, 사, 오, 칠, 구, 십일이야~"

그리고 또 다른 버전도 있어! "영희야, 이사 오면 친구 시빌이가 있어!"
이렇게 말하면 숫자 0-2-4-5-7-9-11이 리듬처럼 딱딱 이어져서 훨씬 기억하기 쉬워.

16강. 반음계적 음정

반음계적 음정은 임시표가 붙어서 기존 음정의 간격이 달라진 음정을 말해. 임시표가 붙으면 음이 반음 단위로 올라가거나 내려가게 되겠지? 그럼 그 변화만큼 음정 이름도 함께 달라져! 이렇게 임시표가 붙은 음정을 정확하게 구하려면 아래 표를 같이 익혀보자!

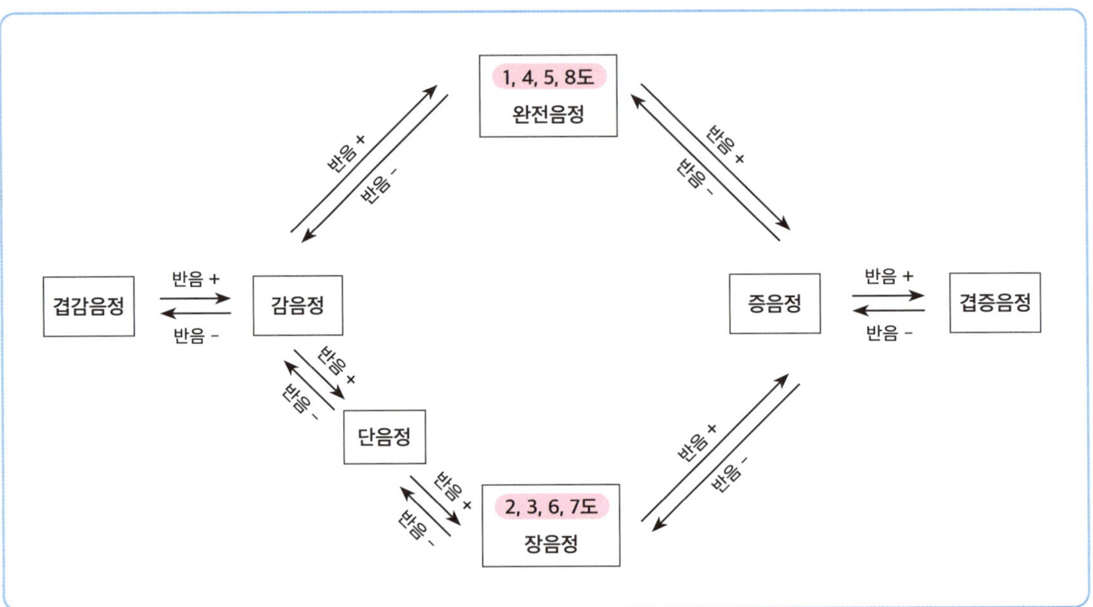

구하는 순서는 딱 두 단계만 기억하면 돼!

1. 임시표를 잠깐 떼고 기본 음정을 먼저 구한다.
2. 다시 임시표를 붙여서 반음이 얼마나 늘었는지, 줄었는지 확인한다.

이제 실제 예시를 통해 같이 반음계적 음정을 구해볼까?

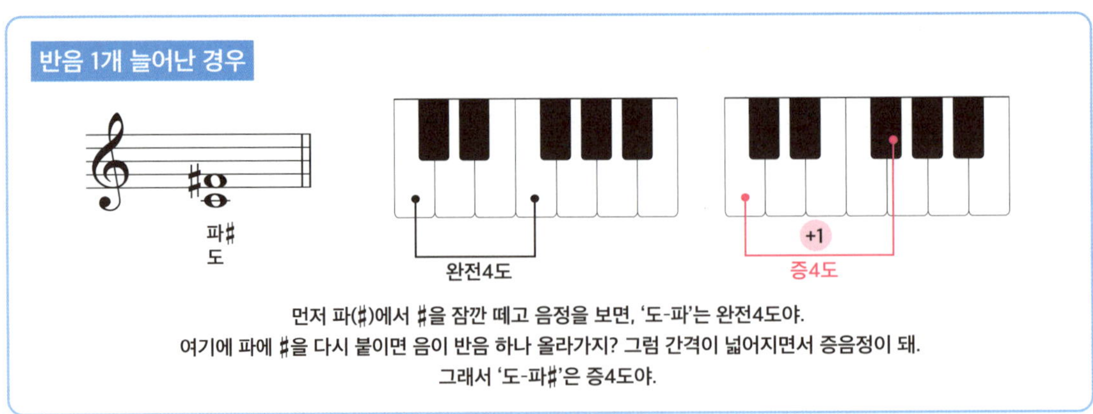

먼저 파(♯)에서 ♯을 잠깐 떼고 음정을 보면, '도-파'는 완전4도야.
여기에 파에 ♯을 다시 붙이면 음이 반음 하나 올라가지? 그럼 간격이 넓어지면서 증음정이 돼.
그래서 '도-파♯'은 증4도야.

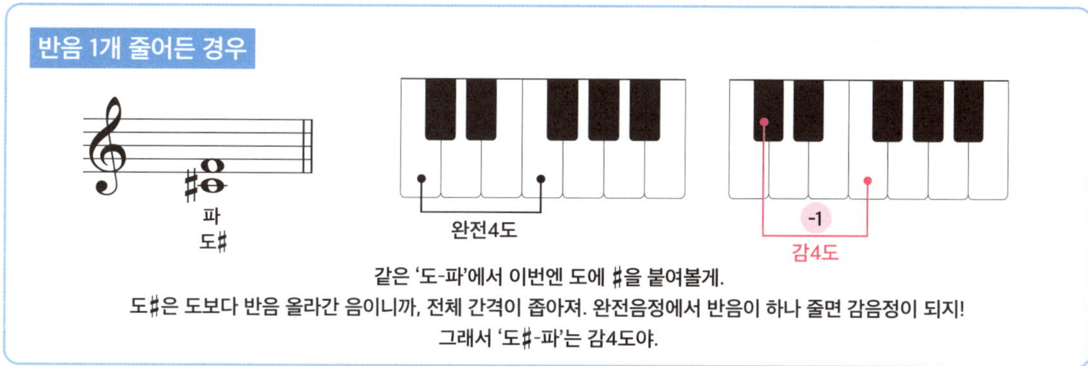

같은 '도-파'에서 이번엔 도에 ♯을 붙여볼게.
도♯은 도보다 반음 올라간 음이니까, 전체 간격이 좁아져. 완전음정에서 반음이 하나 줄면 감음정이 되지!
그래서 '도♯-파'는 감4도야.

임시표에서 배운 ✗더블샵 기억하지? ✗이 붙은 음정도 구해보자.

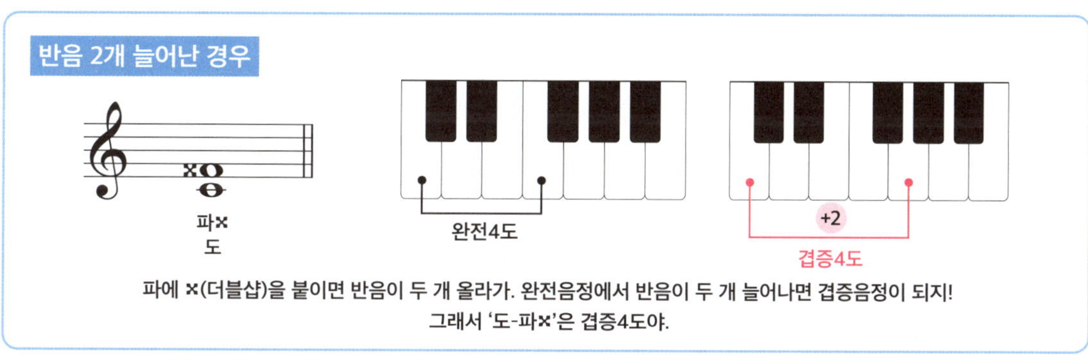

파에 ✗(더블샵)을 붙이면 반음이 두 개 올라가. 완전음정에서 반음이 두 개 늘어나면 겹증음정이 되지!
그래서 '도-파✗'은 겹증4도야.

그렇다면 이번에는 ♭♭더블플랫이 붙은 음정을 구해볼까?

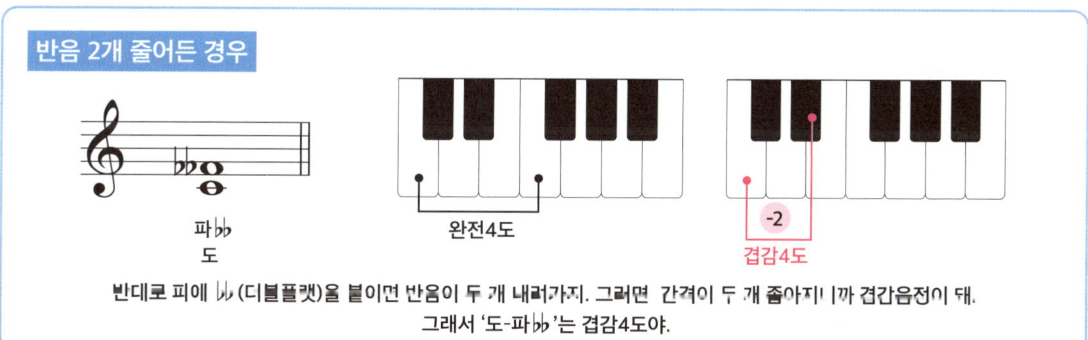

반대로 파에 ♭♭(더블플랫)을 붙이면 반음이 두 개 내려가지. 그러면 간격이 두 개 좁아지니까 겹감음정이 돼.
그래서 '도-파♭♭'는 겹감4도야.

알아두면 좋아! OKAY~?

위·아래 음에 같은 임시표가 붙어 있다면, 임시표는 잠시 생략하고 음정을 보면 돼. 같은 임시표가 붙으면 두 음이 똑같이 올라가거나 내려가서 실제 간격은 그대로거든.

그래서 '도-파♯', '도-파♭'처럼 둘 다 반음씩 움직여도 두 음의 간격은 완전4도로 변하지 않아. 이런 경우엔 임시표를 빼고 "도-파는 원래 완전4도"라고 생각하면 훨씬 정확하고 쉬워져. 오케이?

17강. 자리바꿈 (Inversion) 음정

두 음의 위치를 바꿔도 음정은 똑같을까? 아니! 아래 있던 음을 위로 올리거나, 위에 음을 아래로 내리면 음정은 '자리바꿈(Inversion)'으로 완전히 새로운 음정이 돼.

자리바꿈 규칙은 딱 이것만 기억하면 돼!

> 1. 완전음정 ↔ 완전음정
> 2. 장음정 ↔ 단음정
> 3. 증음정 ↔ 감음정
> 4. 겹증음정 ↔ 겹감음정
> 5. 원래 기본 도수 + 자리바꿈 도수 = 항상 9도

그럼 다음 악보를 통해 자세히 알아보자.

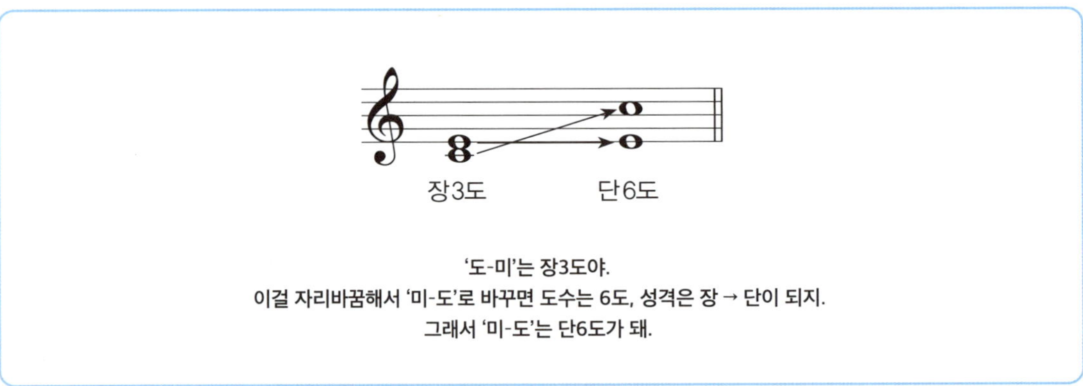

'도-미'는 장3도야.
이걸 자리바꿈해서 '미-도'로 바꾸면 도수는 6도, 성격은 장 → 단이 되지.
그래서 '미-도'는 단6도가 돼.

하나 더 해볼까?

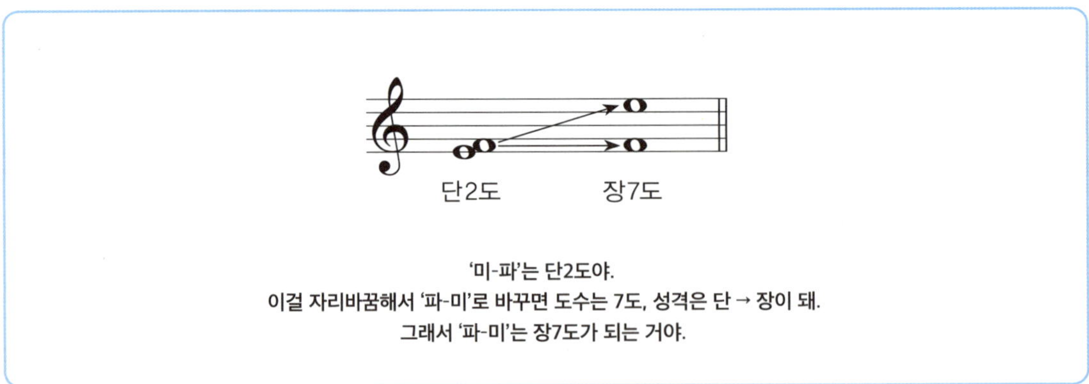

'미-파'는 단2도야.
이걸 자리바꿈해서 '파-미'로 바꾸면 도수는 7도, 성격은 단 → 장이 돼.
그래서 '파-미'는 장7도가 되는 거야.

자리바꿈은 무조건 "두 도수를 더하면 항상 9가 되고, 성격은 반대로 바뀐다!" 이 원리만 기억하면 완전 쉬워!

18강. 겹음정

지금까지는 한 옥타브 안에서만 음정을 다뤘지? 오늘은 9도 이상의 음정, '겹음정'을 구하는 법을 알려줄게!

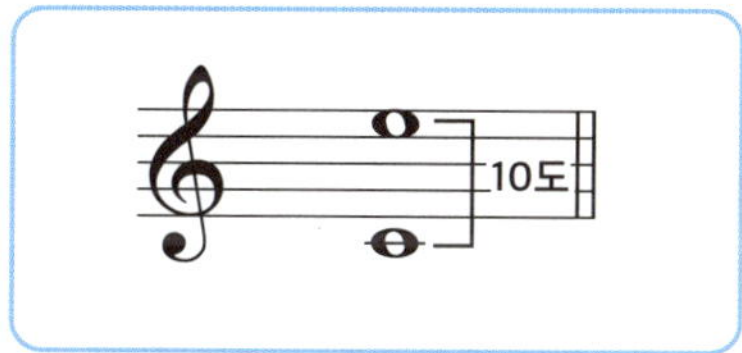

예를 들어, '도'에서 한 옥타브 위 '미'까지는 10도야. 하지만 이게 '장10'도인지 '단10도'인지 단번에 알기 어렵잖아. 이럴때는 이 방법을 통해 쉽게 음정을 구할 수 있어.

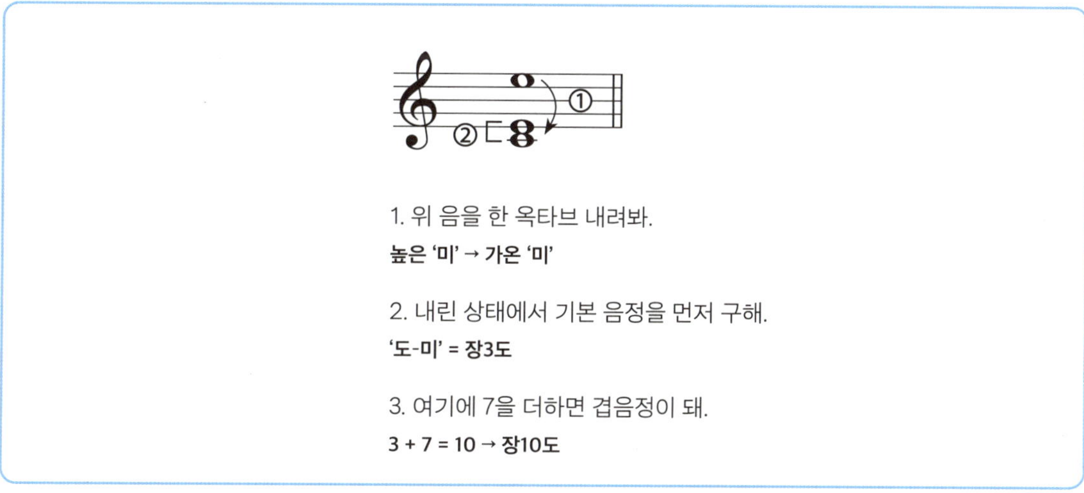

여기서 잠깐! 왜 7을 더할까? 아래 악보를 보면 알 수 있듯이 계이름은 똑같이 '도레미파솔라시'로 반복되지. 그래서 9도는 2도의 음과 같고, 10도는 3도의 음과 같게 돼. 그래서 "기본 음정 + 7 = 겹음정!" 원리가 적용 되는 거지.

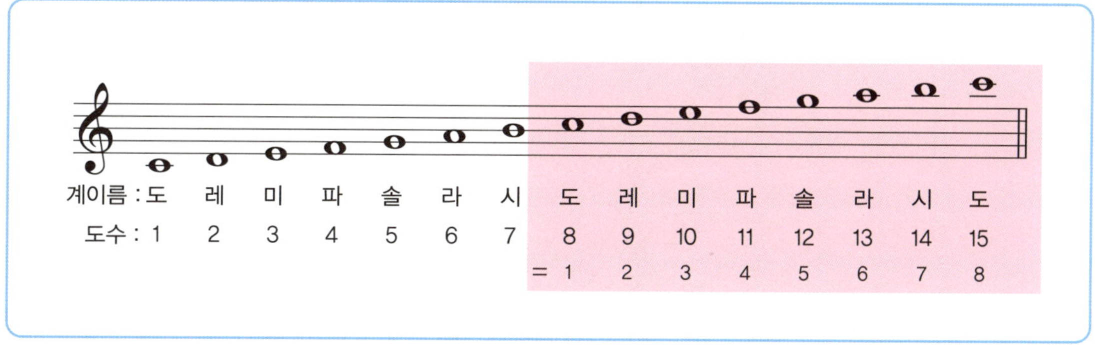

결론은 딱 하나! "기본 음정 먼저 찾기 → 더하기 7 = 겹음정" 이 규칙만 알면 어떤 겹음정이든 바로 구할 수 있어!

✏️ 자, 문제 같이 풀어볼까?

1 아래는 음정과 반음 개수의 관계를 나타낸 표입니다. 빈 칸에 알맞은 온음계적 음정의 성격을 써 보세요.

	1도	4도	5도	8도
	0	1	1	2
		0		
			2	

	2도	3도	6도	7도
	0	0	1	1
	1	1	2	2

2 빈 칸에 알맞은 내용을 써 보세요.

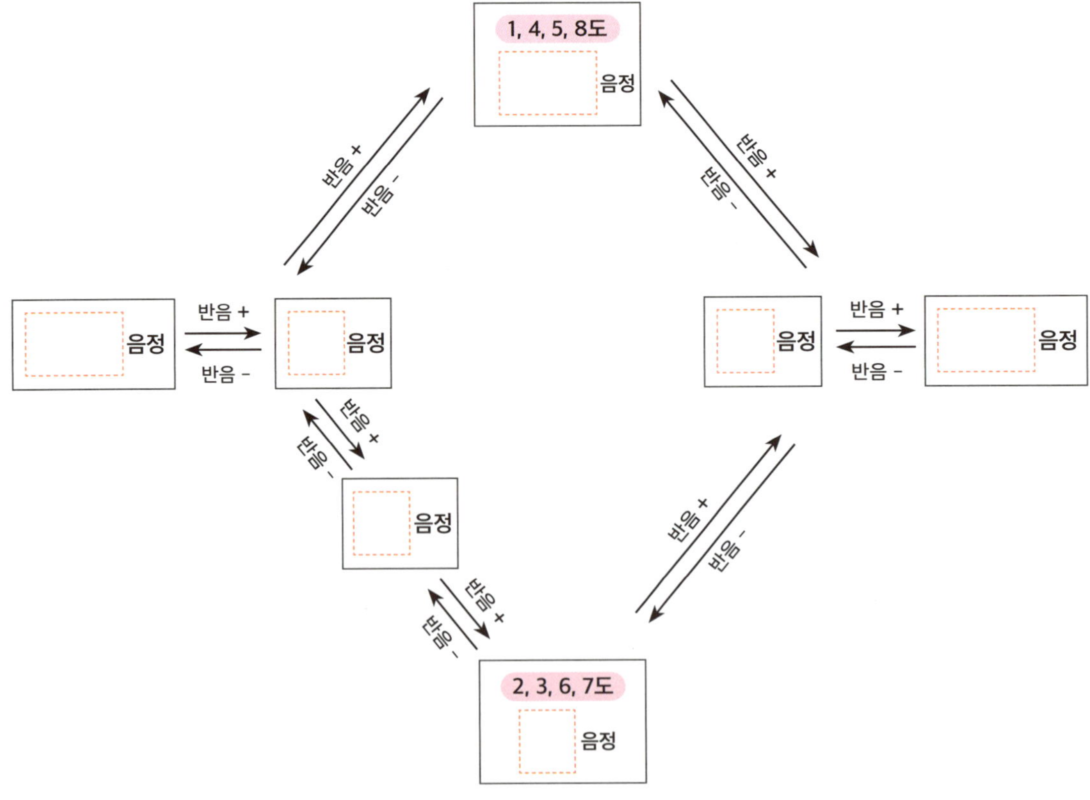

3 빈 칸에 알맞은 음정을 구해 보세요.

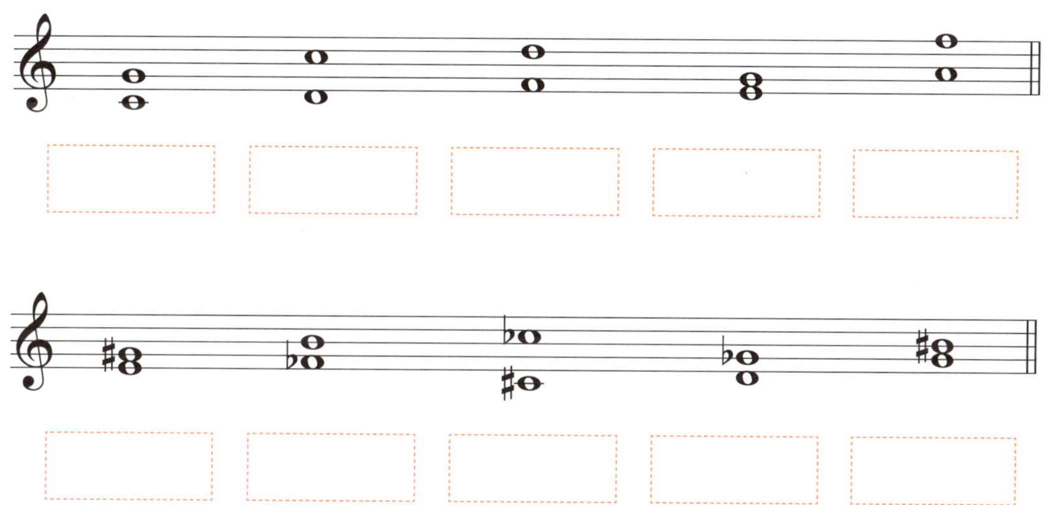

4 빈 칸에 주어진 음정의 자리바꿈 음정을 구해 보세요.

① 장3도

② 감7도

③ 겹증5도

④ 완전4도

5 빈 칸에 알맞은 겹음정을 구해 보세요.

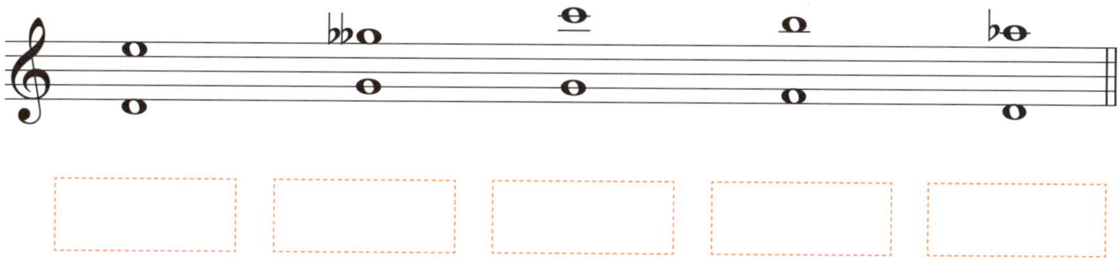

PART 4.

조성과 스케일로 입히는 음악의 색깔

19강. 조성과 조표

지금까지 예시로 나왔던 악보들을 살펴보면 C Key였어. 여기서 Key란, 곡의 성격을 정해주는 음악적 기준을 말하며 '조성'이라고도 불러. 조성은 보통 Major Key(장조)와 minor key(단조)로 나뉘어.

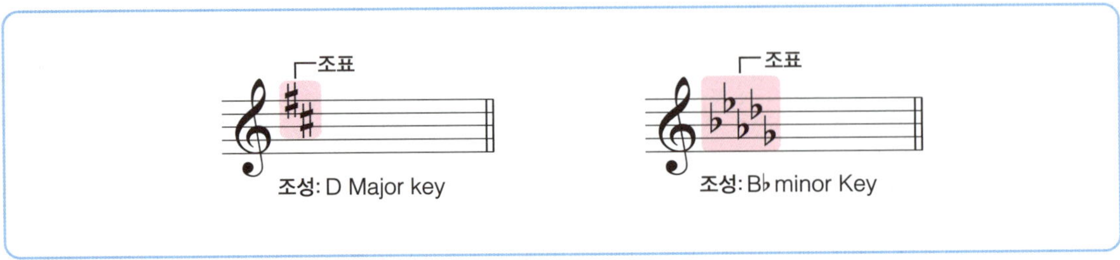

그럼 Key는 어떻게 알 수 있을까? 바로 조표(Key Signature)를 보면 돼. 조표란, 어떤 Key인지 음자리표 옆에 ♯(샵) 또는 ♭(플랫)으로 나타낸 표기를 말해. 조성의 조표의 유무와 붙는 순서에 따라 결정돼. 만약 ♯과 ♭가 하나도 없다면, C Major Key로 보면 돼.

조표는 항상 정해진 순서로 붙어. 우선 ♯이 붙는 순서부터 살펴보자!

여기서 기억하면 좋은 포인트! ♯이 붙는 순서를 거꾸로 읽으면 그대로 ♭이 붙는 순서가 돼.

Key는 Major Key(장조)와 minor Key(단조)로 나눌 수 있어. Major Key의 음악은 주로 밝은 느낌을 주고, minor Key의 음악은 어둡고 차분한 느낌을 줘. 아래 예시를 보면 Key의 표기 방식을 쉽게 확인할 수 있어.

앞서 배웠던 '임시표'는 악보 중간에 등장해서 그 마디 안에서만 효력이 있었지? 반대로 조표는 곡의 처음에 등장하고 곡 전체에 효력이 있어. 이렇게 기억하면 돼. 임시표는 잠깐만, 조표는 처음부터 끝까지!

알아두면 좋아! OKAY~?

같은 곡이라도 Key가 바뀌면 표기되는 음이름만 달라지고, 계이름과 음정 관계는 그대로 유지돼!
즉, 멜로디의 전체 높낮이만 위·아래로 이동하는 거야. 이렇게 곡의 Key를 바꾸는 것을 '조옮김(이조)'이라 하고, 노래할 때 음역대를 맞추거나 연주자가 편한 음역으로 조절하기 위해 자주 사용돼.

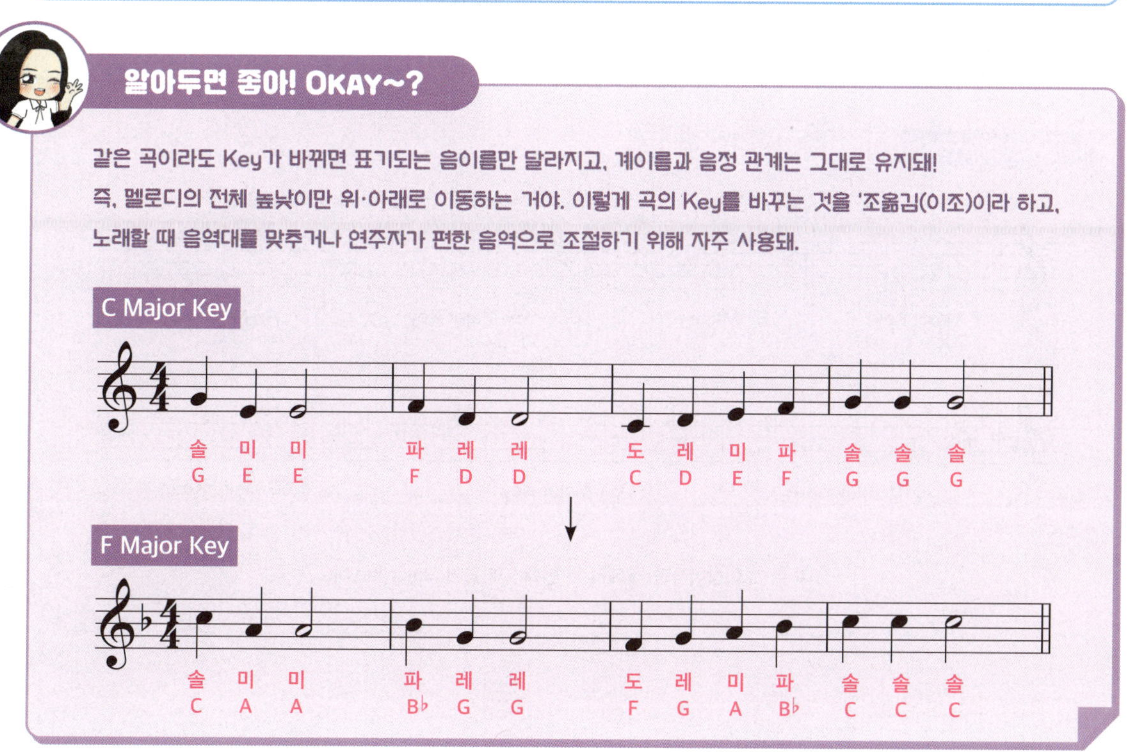

20강. Major Key (장조)

앞 챕터에서 조표(Key Signature)가 붙는 순서를 배웠지?
이제 본격적으로 그 조표가 어떻게 Key(조성)를 결정하는지 알아볼 거야. Major Key(장조)는 조표가 만들어주는
Major Scale의 첫 번째 음(으뜸음)을 기준으로 정해져. 즉, 조표만 보고도 바로 어떤 장조인지 바로 찾을 수 있다는
뜻이야! 그럼 조표를 보고 Major Key(장조)를 찾는 규칙을 알려줄게!

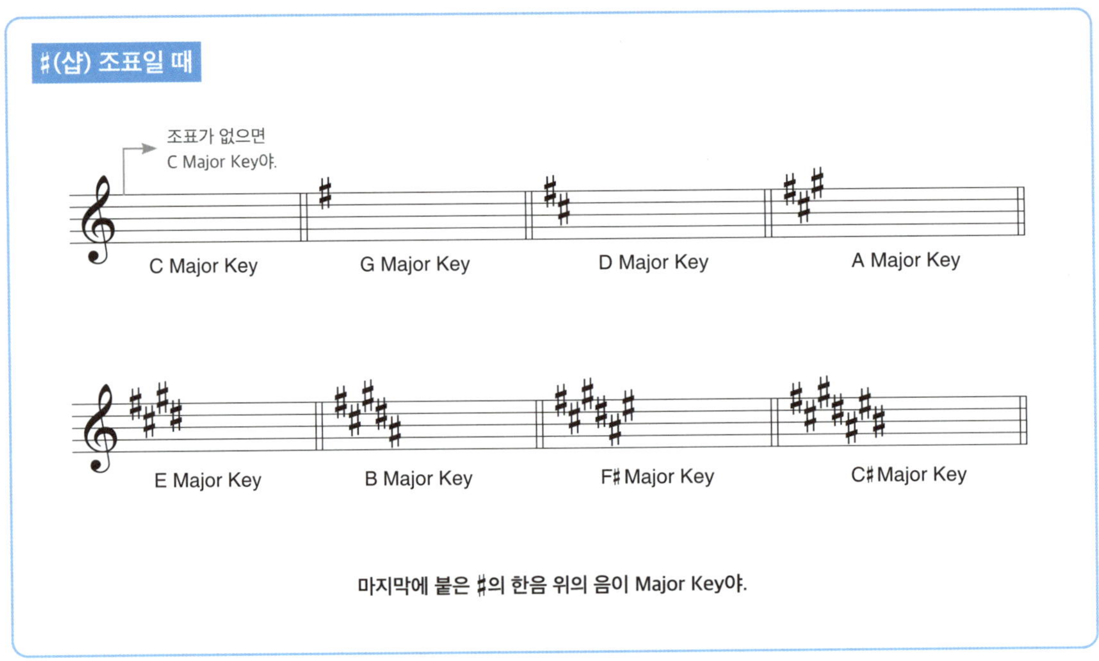

21강. minor Key (단조)

이제 minor Key(단조)를 알아보자. minor Key를 찾는 가장 쉬운 방법은 '나란한 조'를 이용하는 거야. '나란한 조'는 조표가 같은 Major Key(장조)와 minor Key 한 쌍을 말하고, 이 둘은 서로 단3도 간격으로 연결되어 있어. 즉, Major Key에서 단3도 아래 음이 minor Key가 되는 거지.

알아두면 좋아! OKAY~?

반대로, minor Key에서 단3도 위로 올라가면 minor와 짝을 이루는 Major Key를 바로 찾을 수 있어!

지금까지 Major와 minor Key를 찾는 원리를 살펴봤어. 이제 아래 표에서 두 조성을 함께 정리해 보자! 조표와 조성을 한 번에 볼 수 있어서 더 쉽게 이해할 수 있을 거야.

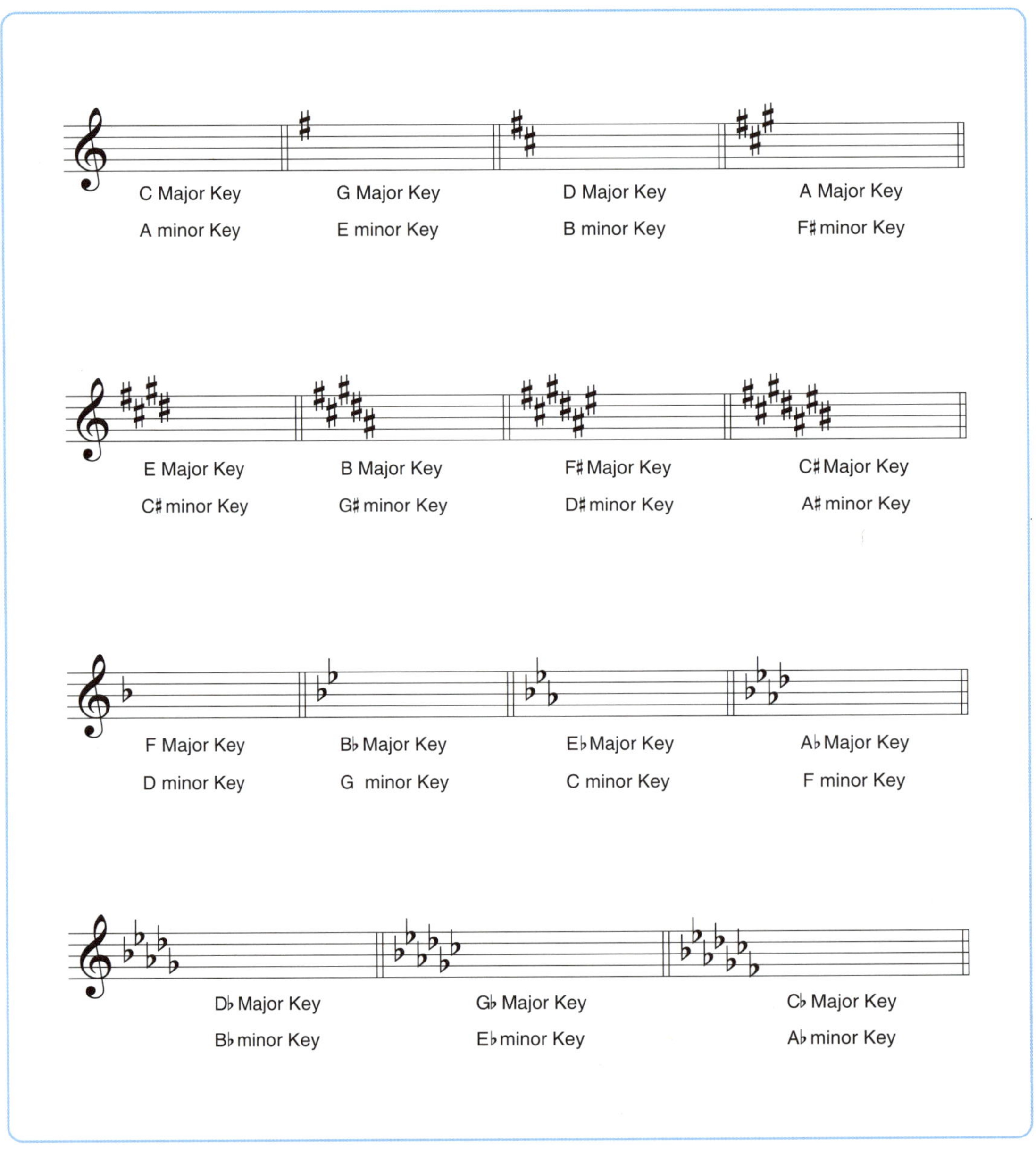

22강. 5도권

앞에서 장조(Major key)와 단조(minor key), 그리고 조표를 읽는 방법까지 모두 다 배웠지?
이제 그 내용을 한눈에 정리해 볼 차례야. 바로 5도권(Circle of Fifths)을 사용하면 돼.

5도권은 각 조성의 조표와 나란한조 그리고 완전5도 관계를 원 모양으로 정리한 도표야.
이 그림 하나만 보면 조성들의 연결 관계를 바로 파악할 수 있어!

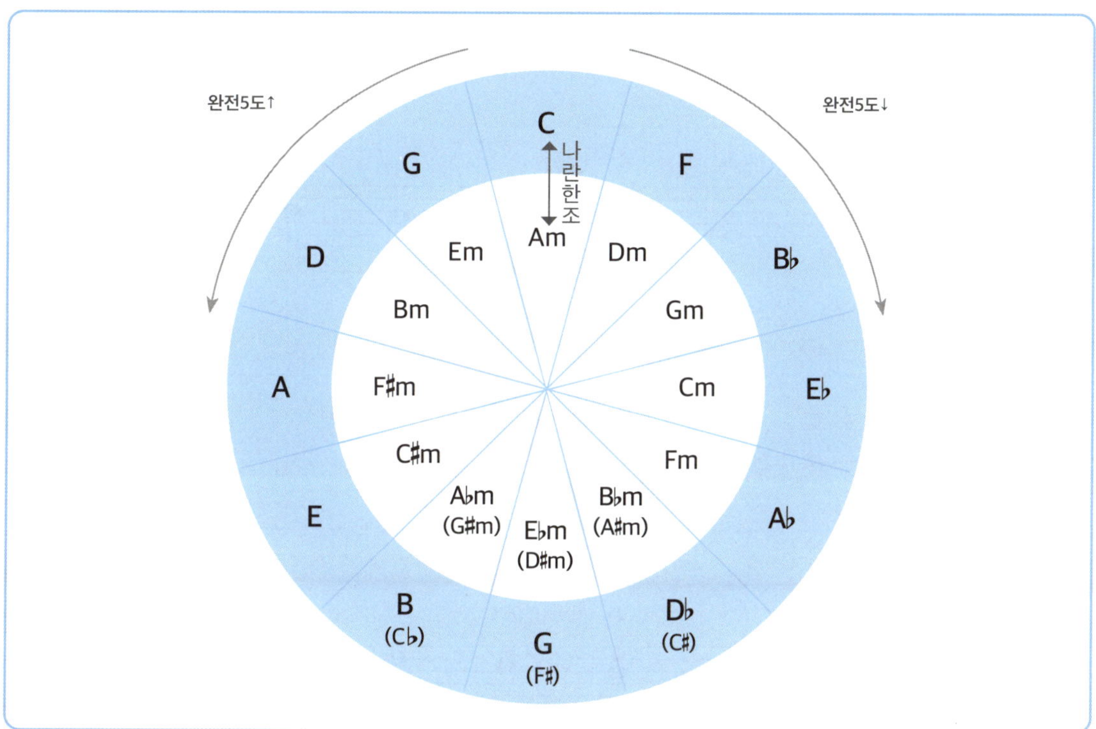

알아두면 좋아! OKAY~?

완전5도 음을 빠르게 찾고 싶다면 반음을 7개 내려가는 방법을 쓰면 훨씬 간단해. 기준음을 잡고 건반에서 반음씩 7번 내려가면 완전5도 아래 음에 도착해.

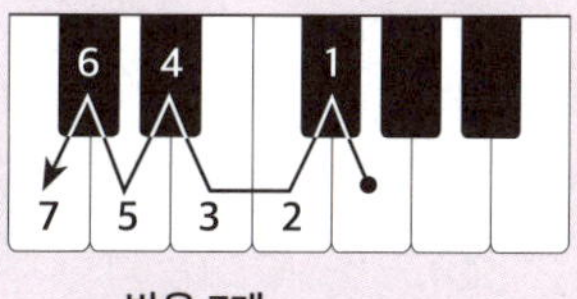

예를 들어, '솔'에서 반음을 7개 내려가 볼게. 하나씩 내려가면 '도'에 도착하지? 그래서 '솔'의 완전5도 아래 음은 '도'가 되는거야.

23강. Major Scale (장음계)

'도레미파솔라시도~' 우리가 흔히 알고 있던 이 친구는 Major Scale(장음계)이야. Scale은 '한 음을 기준으로 어떤 일정한 간격으로 올라가거나 내려오는 것'을 뜻하고 우리말로는 '음계'라고 부르지. 그럼 Major Scale은 어떻게 만들까?

Major Scale의 규칙은 하나야! 3-4, 7-8음만 반음, 나머지는 모두 온음! 이 규칙만 기억하면 어떤 Key라도 쉽게 Major Scale을 만들 수 있어. 그럼 C Major Scale을 만들어 볼까?

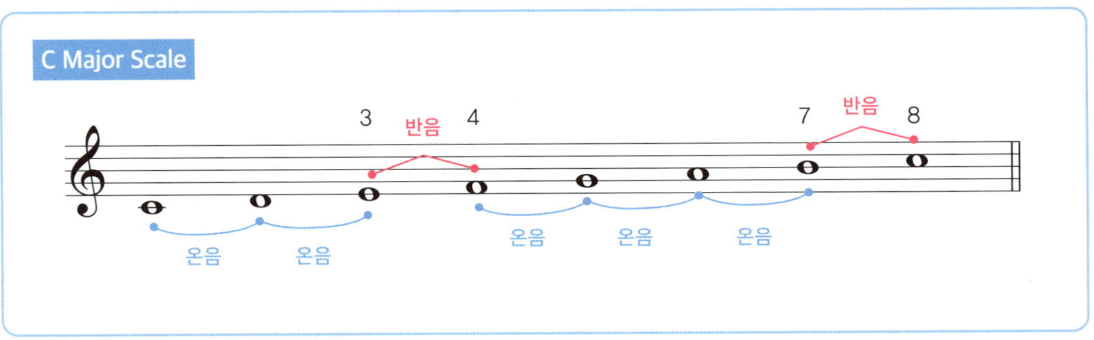

그럼 이번에는 F Major Scale을 구해 볼까?

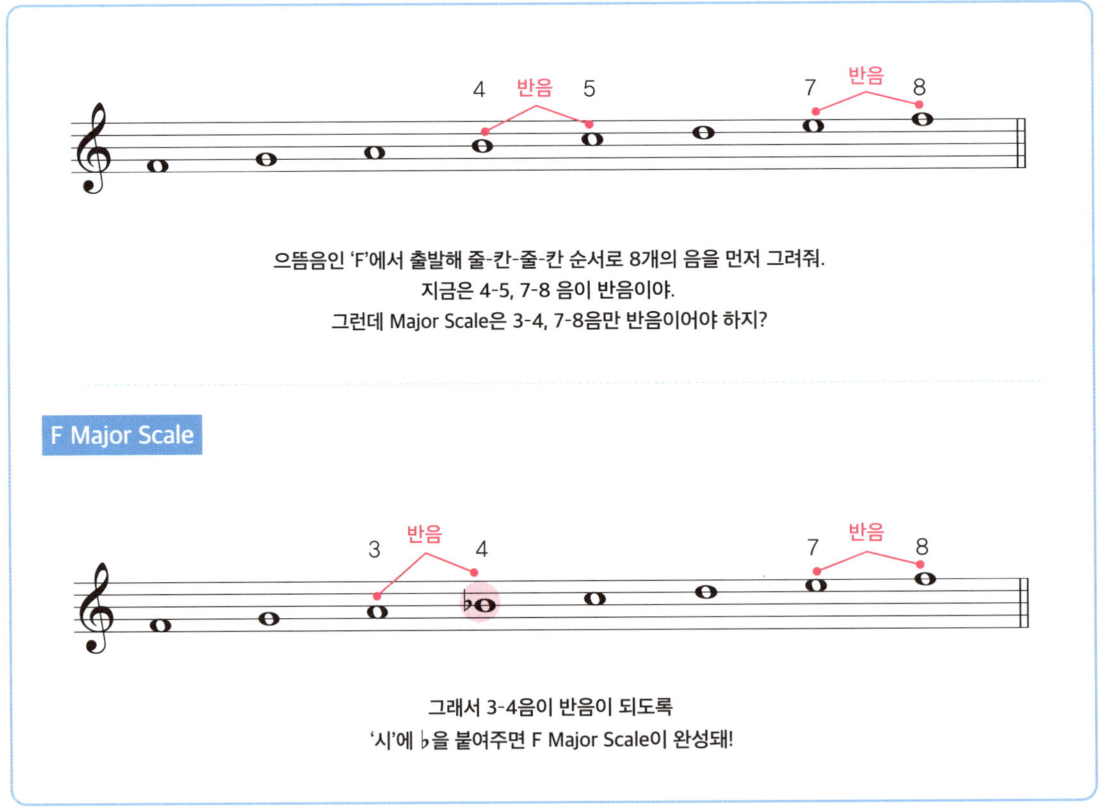

앞서 배운 조표의 원리를 활용하면 Major Scale을 훨씬 빠르게 만들 수 있어.

1. 구하려는 Key의 으뜸음에서 줄-칸-줄-칸 순서로 8개의 음을 그린다.

2. 해당 Key의 조표를 각 음에 알맞게 붙여준다.

3. 첫 음과 끝 음이 같은지 확인해 Major Scale을 완성한다.

그럼 이 방법으로 B Major Scale을 만들어보자!

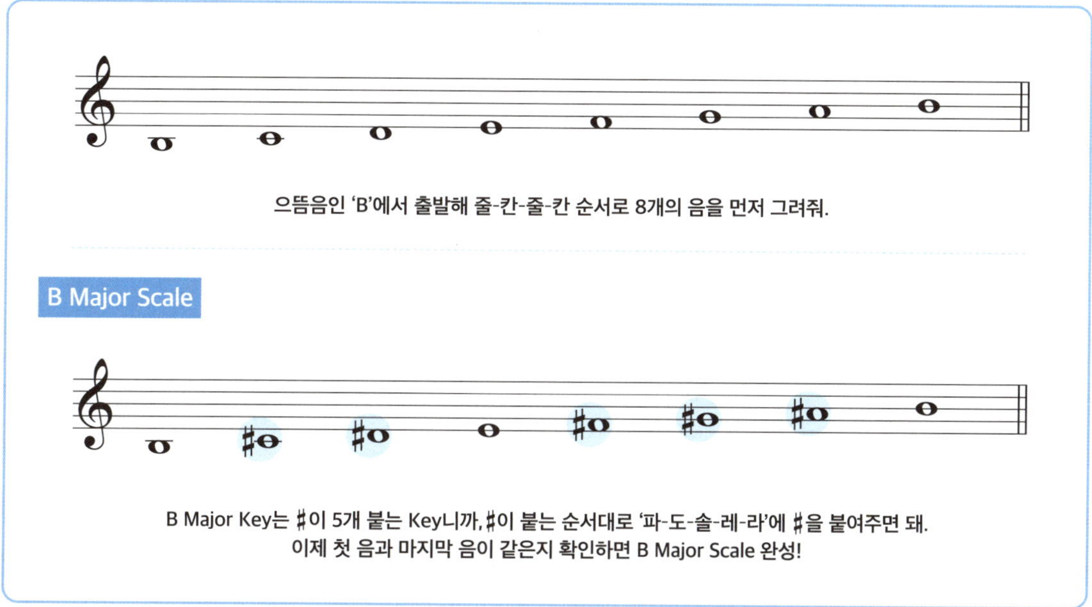

이렇게 Major Scale을 만드는 방법은 두 가지야. 온음·반음 규칙을 적용하는 방법과 조표를 활용하는 방법을 모두 배웠으니, 더 편한 방법으로 연습하면 돼.

알아두면 좋아! OKAY~?

각 Scale(음계)을 읽는 방법은 두 가지가 있어.

· 고정도법: 조성이 바뀌어도 음의 높이에 따라 이름을 그대로 읽는 방법이야.
  ex) C는 항상 '도', D는 항상 '레'

· 이동도법: 조성에 따라 Scale의 첫 음을 '도'로 정해 읽는 방법이야.
  ex) C Major에서는 C가 '도', G Major에서는 G가 '도'

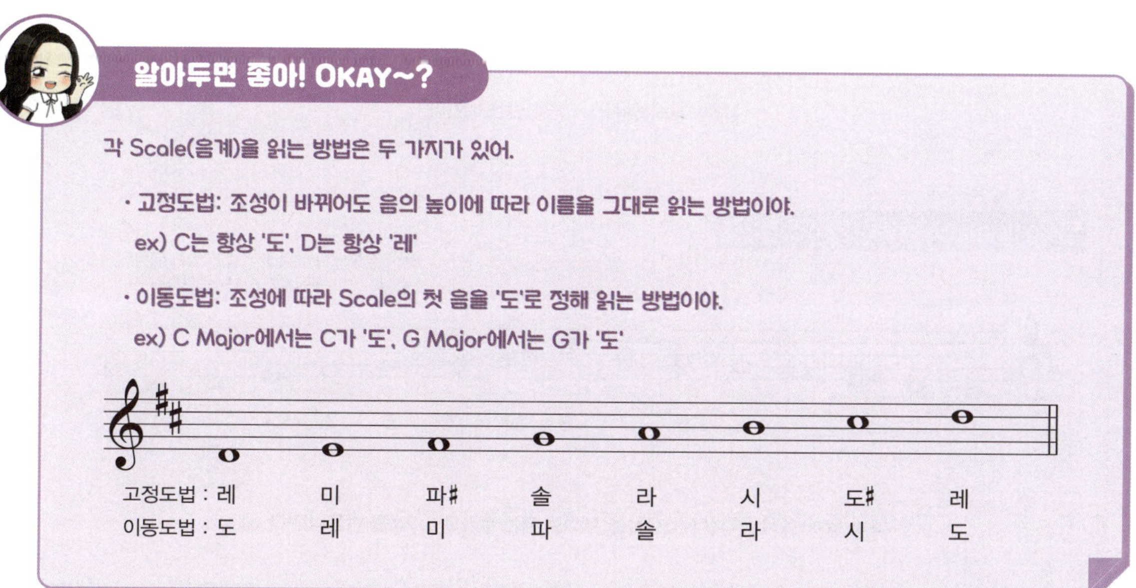

24강. minor Scale (단음계)

앞에서 Major Scale(장음계)을 배웠으니까, 이번에는 minor Scale(단음계)을 배워볼 차례야.
minor Scale에는 총 세 가지 종류가 있어.

· Natural minor Scale (자연 단음계)
· Harmonic minor Scale (화성 단음계)
· Melodic minor Scale (가락 단음계)

Major Scale의 구조만 알고 있으면, 이 세 가지 minor Scale은 아주 쉽게 만들 수 있어!

Natural minor Scale (자연 단음계)

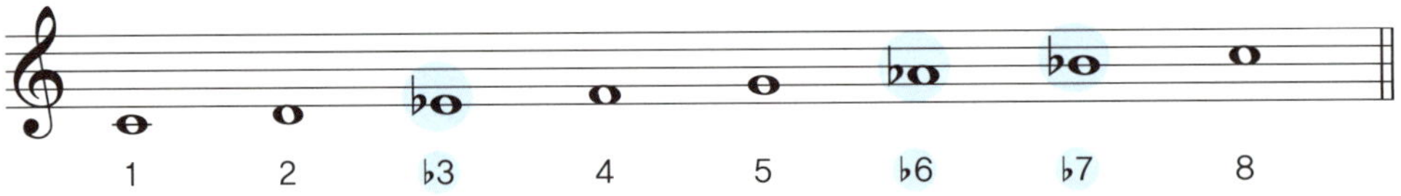

Major Scale에서 3, 6, 7음을 반음 내린다.

Harmonic minor Scale (화성 단음계)

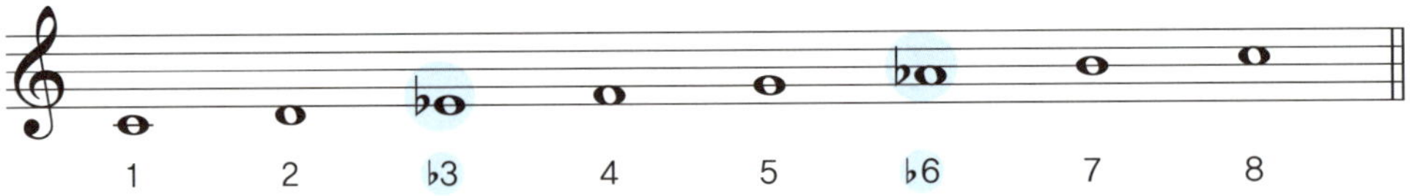

Major Scale에서 3, 6음을 반음 내린다.

Melodic minor Scale (가락 단음계)

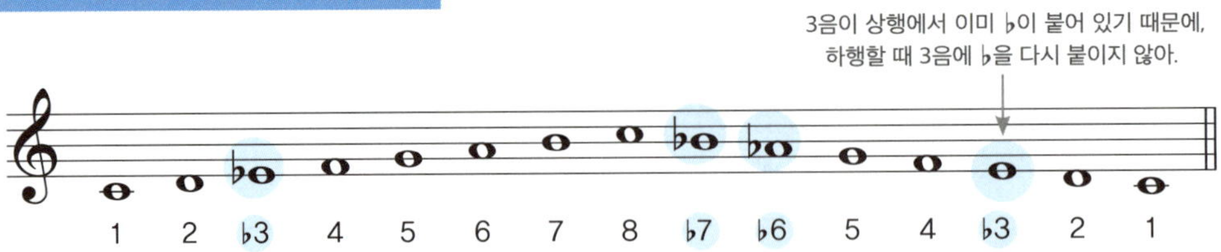

3음이 상행에서 이미 ♭이 붙어 있기 때문에,
하행할 때 3음에 ♮을 다시 붙이지 않아.

Major Scale에서 올라갈 때는 3음을, 내려올 때는 추가로 6, 7음을 반음 내린다.

Natural minor Scale (자연 단음계)

Natural minor Scale(자연 단음계)은 minor Scale의 기본 형태야. 먼저 C Major Scale과 비교해 보면서 자세히 살펴 보자!

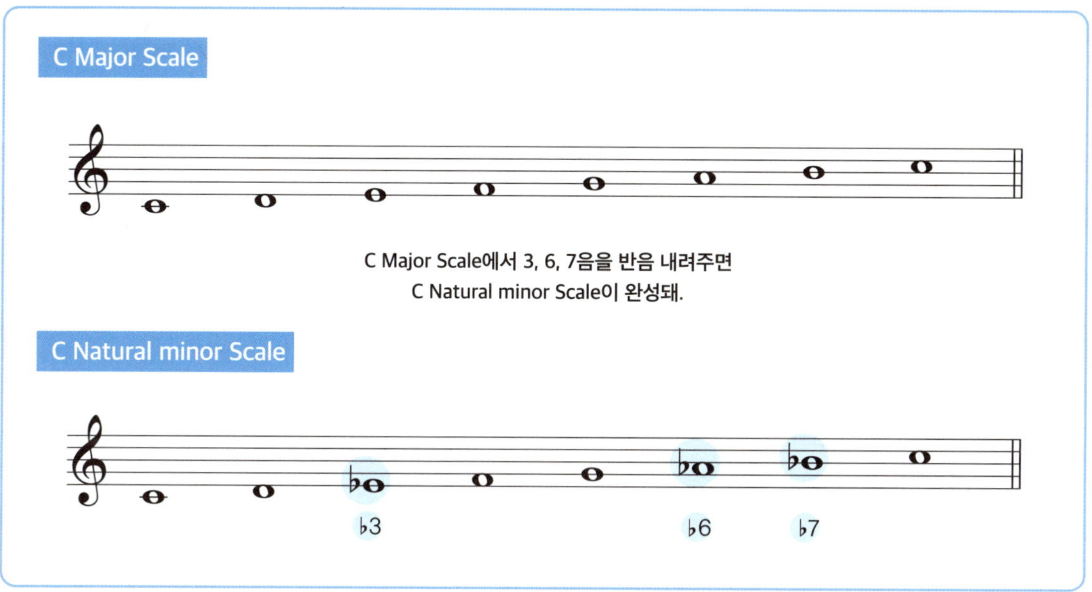

이번에는 D Natural minor Scale을 구해볼까?

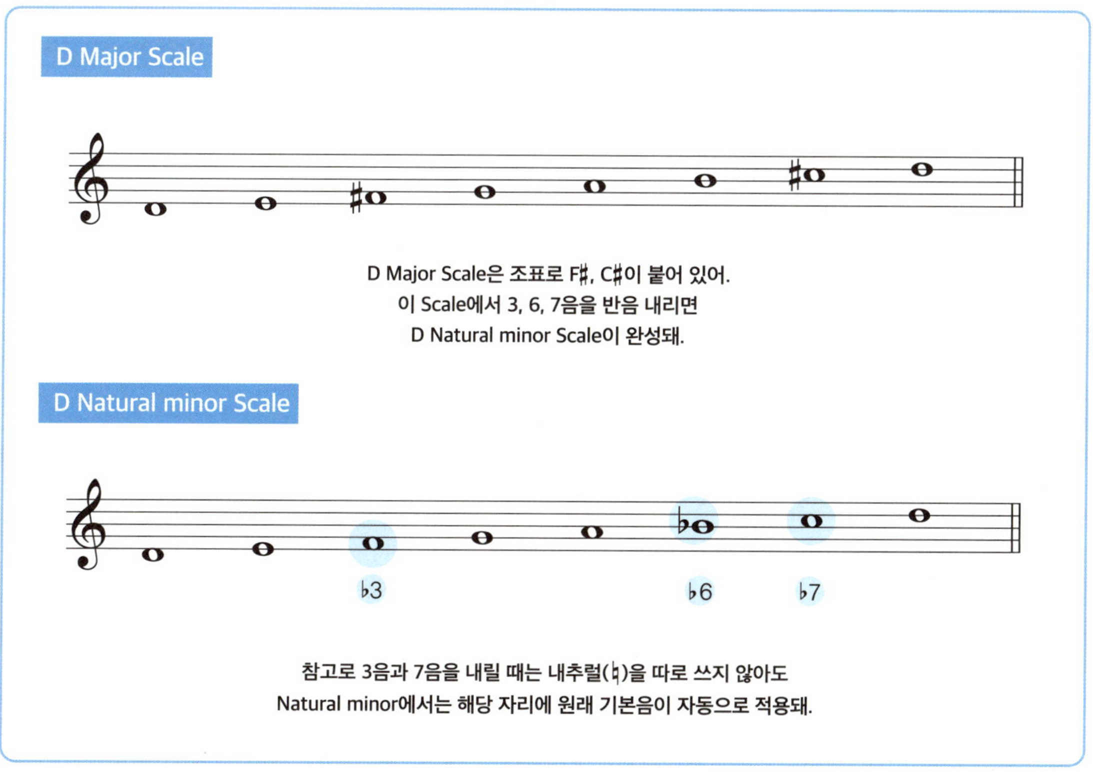

Harmonic minor Scale (화성 단음계)

이번에는 Harmonic minor Scale(화성 단음계)에 대해서 자세히 알아보자. Harmonic minor Scale은 Major Scale에서 3, 6음을 반음 내린 형태야. 먼저 C Major Scale을 기준으로 만들어보자!

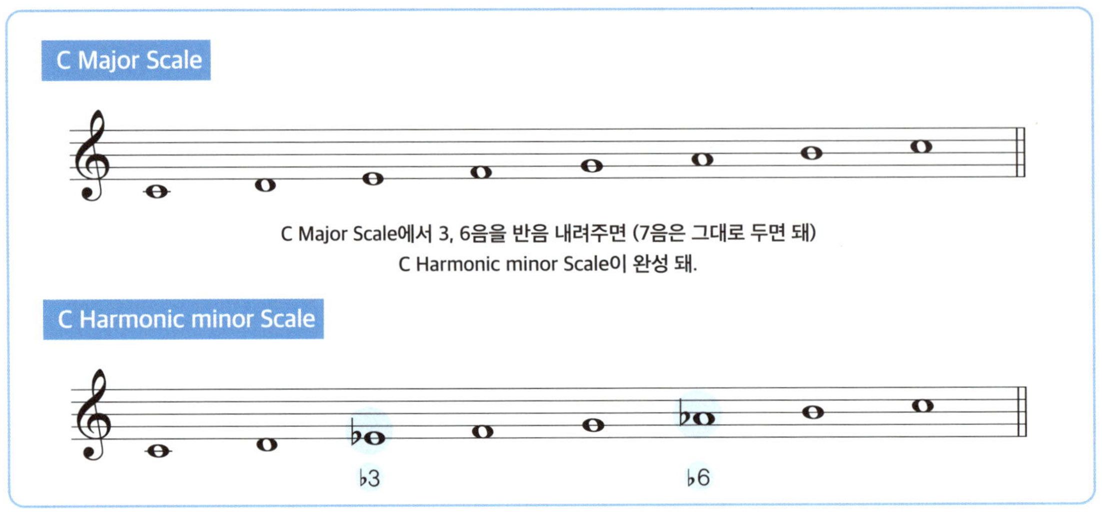

그럼 F Harmonic minor Scale을 함께 구해볼까?

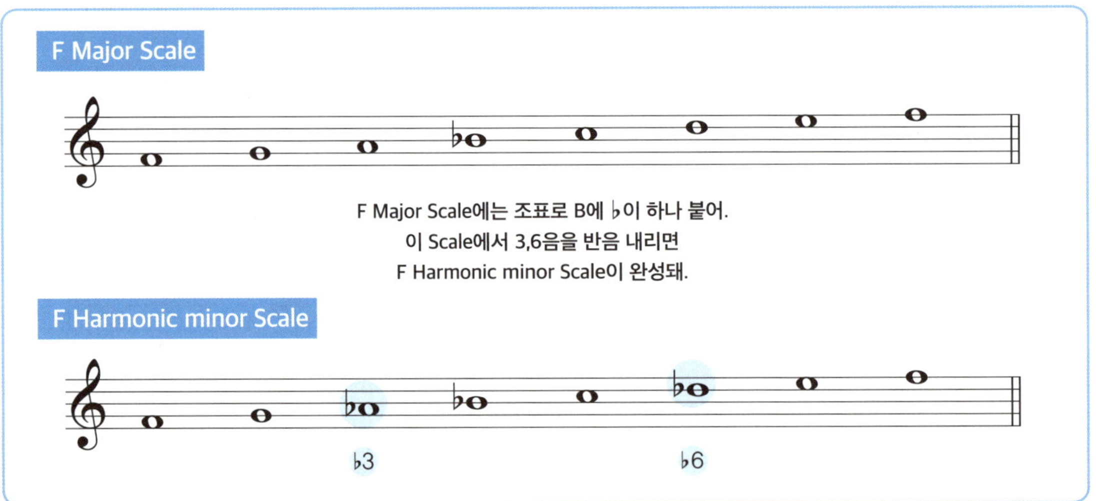

알아두면 좋아! OKAY~?

왜 minor Scale은 세 가지일까?

Natural minor Scale은 기본 구조가 자연스럽고 부드러운 대신, 한 가지 아쉬운 점이 있어. 7음과 Root(근음) 사이가 온음 간격이라 서, Root로 끌어가는 힘이 약해지는 거야. Major Scale에서는 7음이 Root와 반음 관계라 강하게 끌어당기는데, Natural minor에서는 그 느낌이 부족하지.

그래서 이 7음을 반음 올려 Leading tone으로 바꿔 주면, 다시 Root로 해결되는 힘이 생겨. 이렇게 만들어진 형태가 바로 Harmonic minor Scale(화성 단음계)이야.

Melodic minor Scale (가락 단음계)

이번에는 Melodic minor Scale(가락 단음계)을 배워보자. Melodic minor는 상행과 하행의 구조가 서로 다르기 때문에, 상·하행을 따로 적어야 해.

- 상행: Major Scale에서 3음을 반음 내린다.
- 하행: Major Scale에서 3, 6, 7음을 반음 내린다.

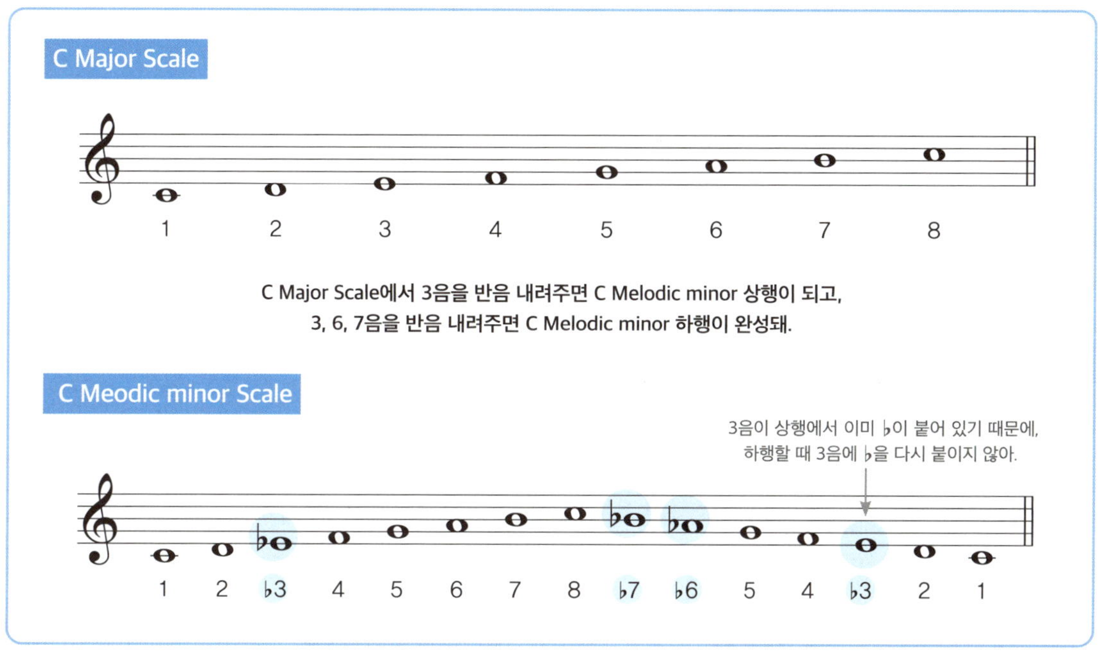

G Melodic minor Scale 구해볼까?

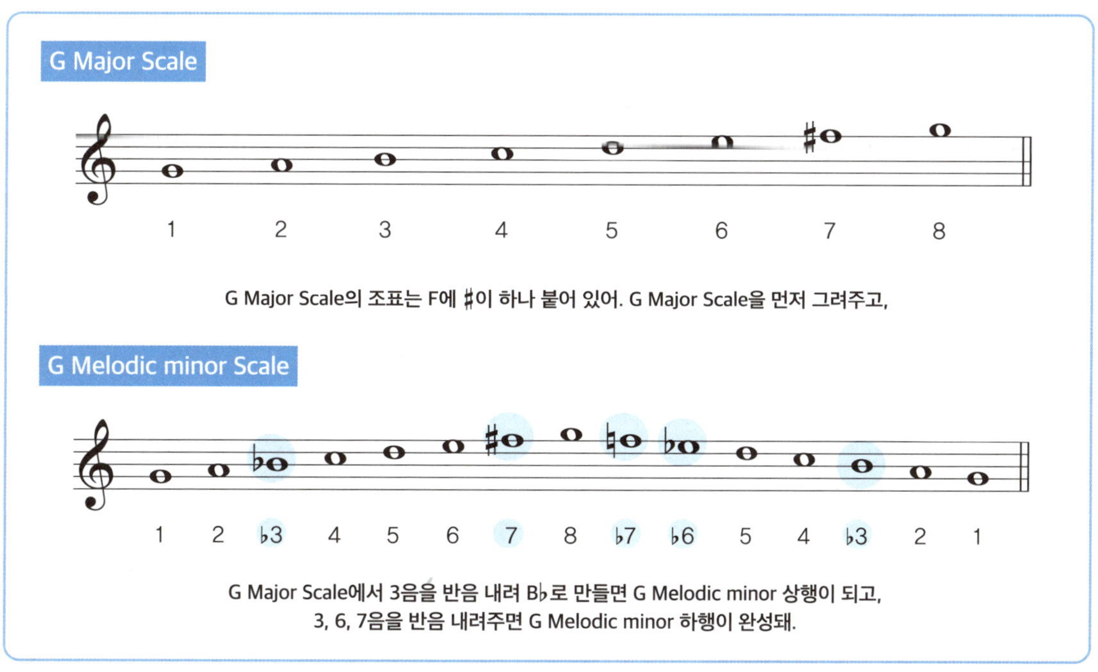

앞에서 배운 Harmonic minor Scale은 6음과 7음이 증2도가 되면서 멜로디의 흐름이 어딘가 갑자기 꺾이는 듯한 느낌이 있었지. 그래서 나온 해결책이 바로 Melodic minor Scale(가락 단음계)이야. Natural minor Scale를 기준으로 보면 Harmonic minor Scale은 7음만 반음 올린 형태고, Melodic minor Scale은 6음과 7음을 모두 반음 올려 멜로디가 조금 더 자연스럽게 이어지도록 만든 스케일이라고 보면 돼.

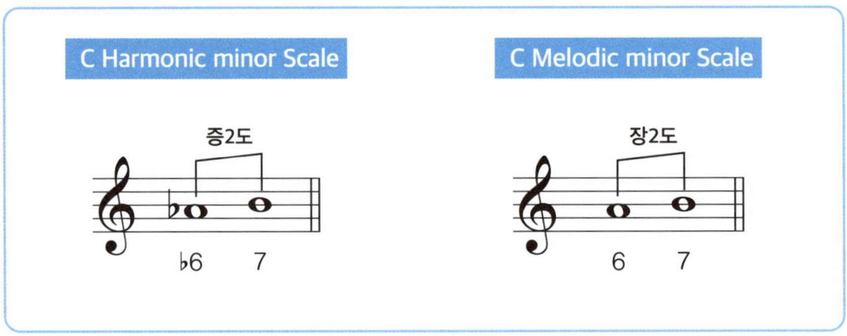

알아두면 좋아! OKAY~?

상·하행이 다른 Melodic minor Scale에서 상행만 사용하는 형태가 Jazz minor Scale(재즈 마이너 스케일)이야. 즉, Jazz minor Scale은 Major Scale에서 3음만 반음 내린 구조인 거지.

G Major Scale

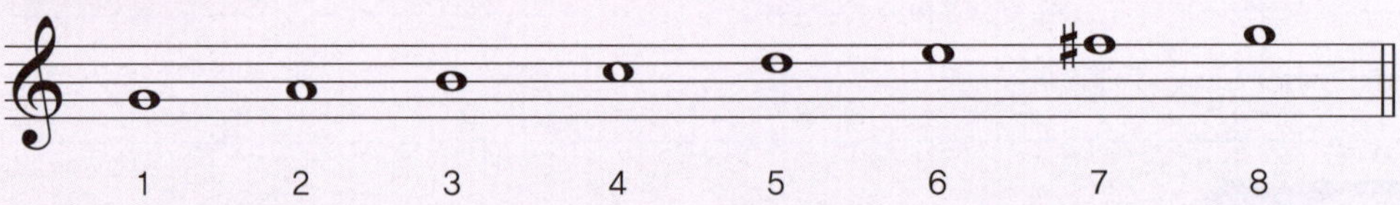

G Melodic minor Scale

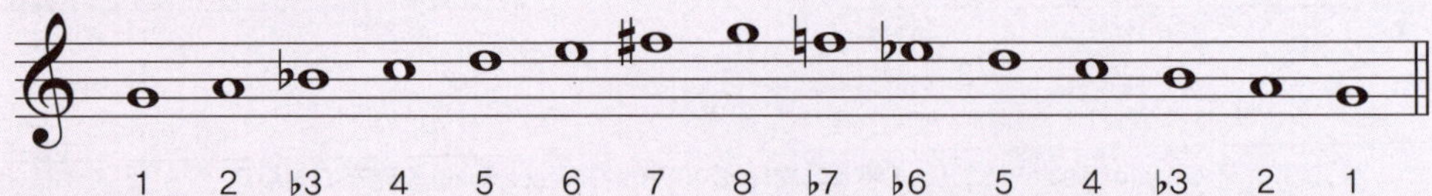

G Jazz minor Scale

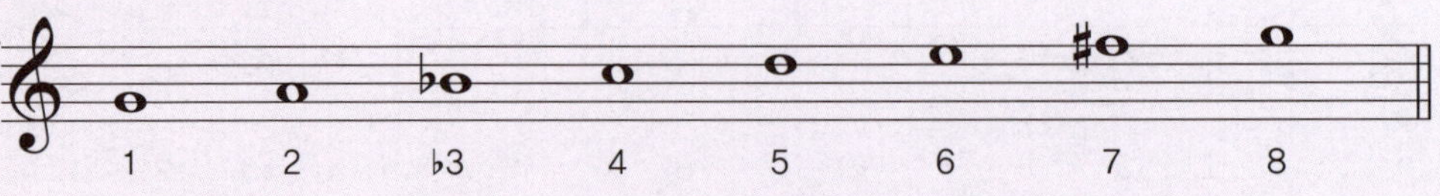

자, 다시 한 번 정리하자면 Jazz minor Scale은 Major Scale에서 3음에 ♭을 붙인 것과 같아.

✏️ 자, 문제 같이 풀어볼까?

1 다음 악보를 보고, 빈 칸에 알맞은 Scale의 이름을 써 보세요.

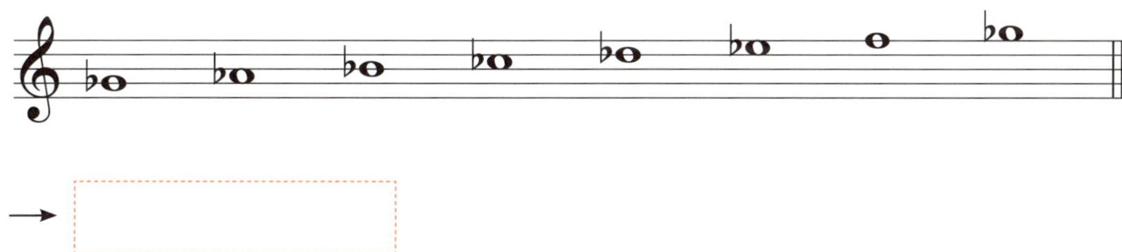

→

2 아래 오선에 B Natural Sclae(자연 단음계)을 그려 보세요.

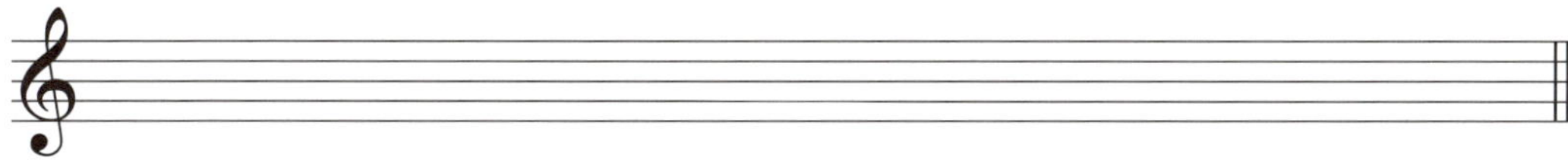

3 다음 악보를 보고, 빈 칸에 알맞은 Scale의 이름을 써 보세요.

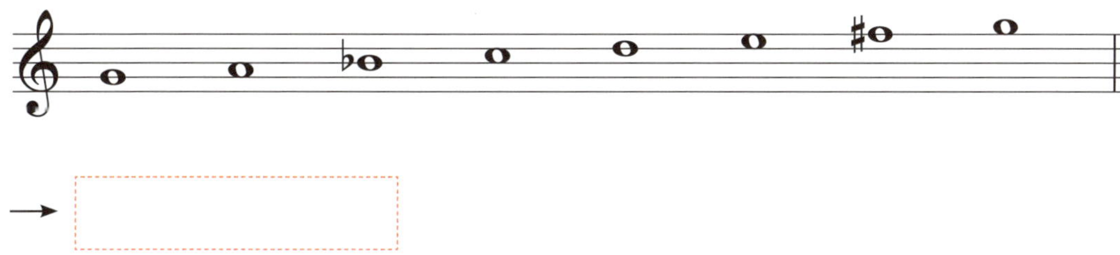

→

4 오선에 C# Melodic minor Scale(가락 단음계)을 그려 보세요.

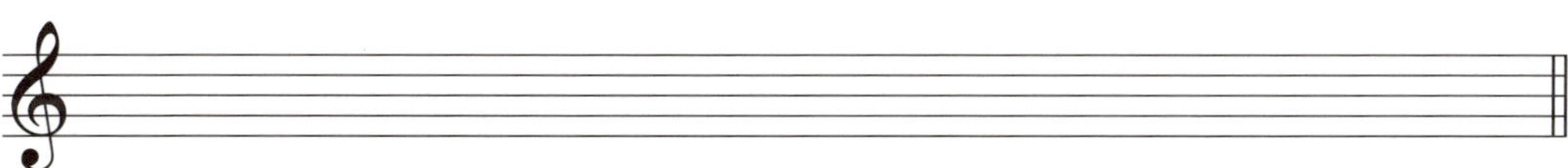

PART 5.

도미솔~ 파라도~ 코드 이해하기

25강. Triad Chord (3화음)

26강. Triad Chord Inversion (3화음의 자리바꿈)

25강. Triad Chord [3화음]

'3화음'이란, Root(근음)를 시작으로 3도씩 음을 쌓아 만든, 총 3개의 음으로 이루어진 화음을 말해. 영어로는 Triad Chord(트라이어드 코드)라고 부르는데, 여기서 'Tri'는 '3'을 뜻해. 즉 3화음 = Triad Chord라고 이해하면 돼.

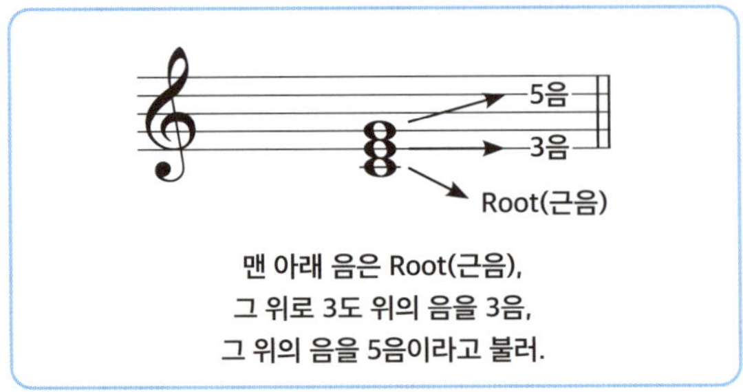

3화음의 종류는 기본적으로 다섯 가지로 나눌 수 있어.

- Major Chord (메이저 코드)
- minor Chord (마이너 코드)
- Augmented Chord (어그먼트 코드)
- Diminished Chord (디미니쉬 코드)
- Sus4 Chord (서스포 코드)

자 그럼 Major Chord부터 살펴볼까? Major Chord는 Root와 3음이 장3도, 3음과 5음이 단3도, 그리고 Root와 5음이 완전5도로 이루어진 화음이야. Major Chord는 Root 음의 알파벳으로 표기해. 아래 악보 예시는 C Major Chord야.

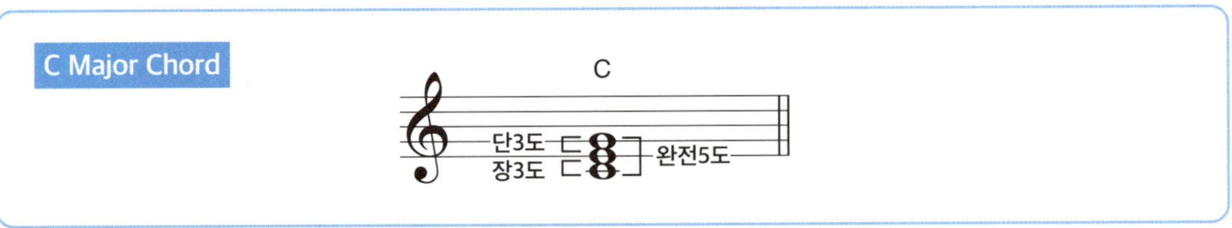

아래 악보를 같이 보자. 동요 "무엇이 무엇이 똑같을까~" 알지? 여기에 나오는 '무엇이 무엇이'가 바로 C Major Chord야! Major Chord는 전체적으로 밝고 안정적인 느낌을 주는 화음이야.

그럼 Major Chord를 쉽게 구하는 방법을 알아볼까? 앞에서 배운 도수대로 'Root-4-3'만 기억하면 돼. 장3도는 반음이 4개, 단3도는 반음이 3개였지? 그럼 C Major Chord를 예로 구해보자.

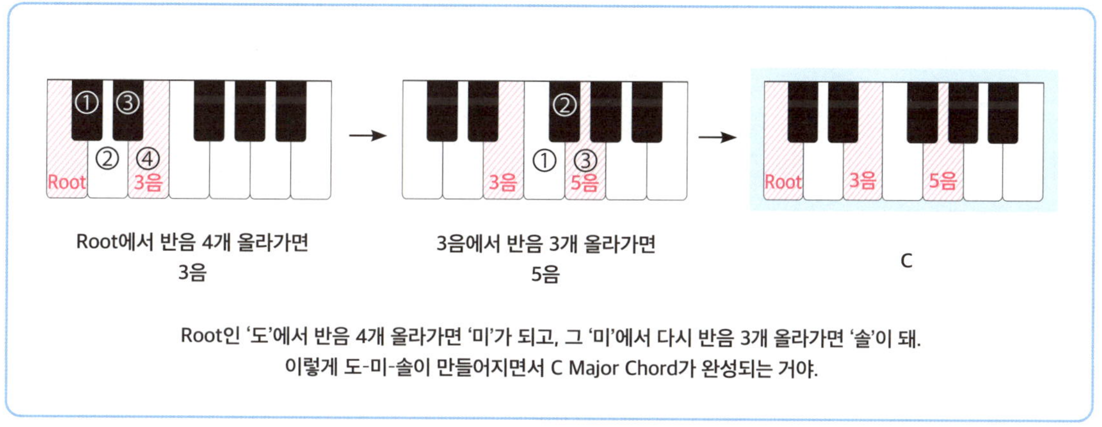

D Major Chord도 방법은 똑같아. 'Root-4-3' 방법을 적용하면 '레-파♯-라'로 D Major Chord를 완성할 수 있어.

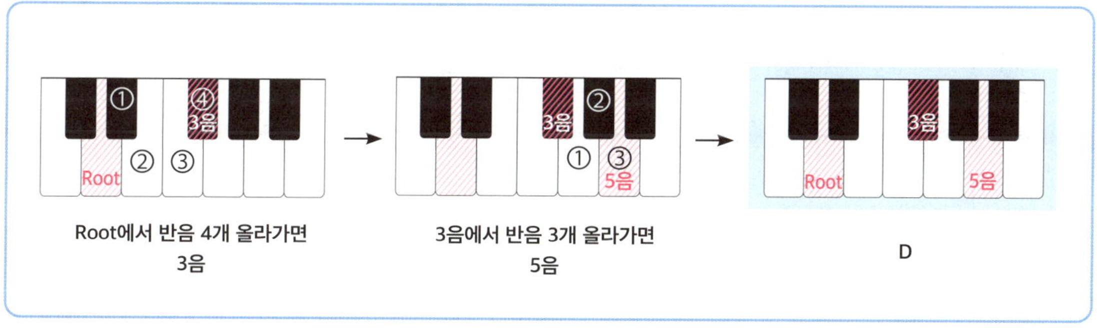

그럼 D Major Chord를 악보로도 그려보자. 흰 건반은 쉽게 보이는데, 검은 건반이 나오면 어떻게 써야 할지 헷갈리지?

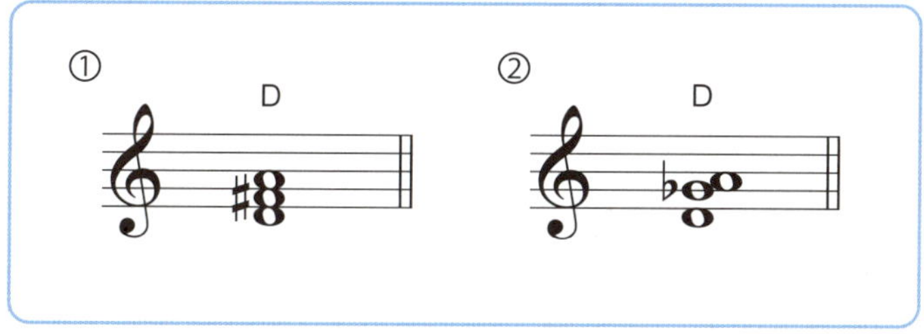

두 가지 중 정답은 ①번이야! 왜냐하면 'Root-4-3'에서 첫 구간인 'Root-4'는 장3도 관계여야 하지? 그래서 '레-솔♭' 처럼 4도 간격이 나는 표기가 아니라 반드시 3도 간격이 나는 '레-파♯'으로 표기해야 해.

이번엔 minor Chord에 대해서 알아보자! minor Chord는 Root와 3음이 단3도, 3음과 5음이 장3도, 그리고 Root와 5음이 완전5도로 이루어진 화음이야. minor Chord는 Root 음의 알파벳 대문자 뒤에 소문자 m을 붙이거나 -를 표기해줘. 아래 악보는 C minor Chord야.

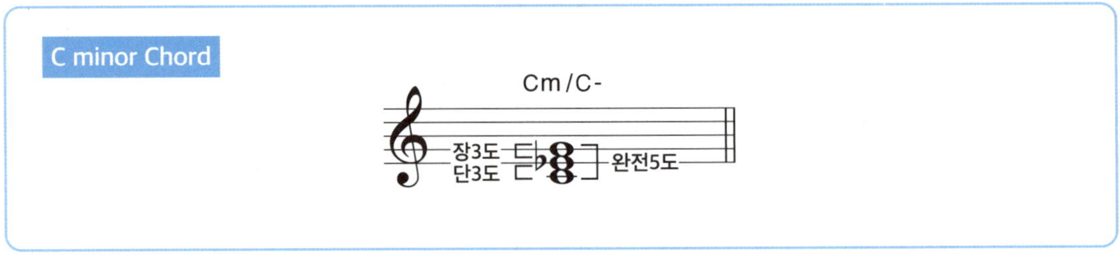

아래 악보를 볼까? '착신아리'라는 영화에 나왔던 이 멜로디, 기억나? 여기서 첫 마디가 바로 C minor Chord야! minor는 Major 보다 조금 어둡고 서정적인 느낌을 가지고 있지.

알아두면 좋아! OKAY~?

Major Chord와 minor Chord의 구성음을 살펴보면 서로 Root와 5음은 같고, 3음만 다르다는 걸 알 수 있어.
따라서 minor Chord를 더 쉽게 구하고 싶다면, Major Chord에서 3음을 반음 내리면 돼!
이처럼 3음은 코드의 성격을 결정짓는 핵심 구성음이라는 점도 함께 기억해두면 좋아!

그럼 C minor Chord는 어떻게 구할 수 있을까? 앞서 살펴본 도수에 맞춰 'Root-3-4'만 기억하면 돼. 단3도는 반음이 3개, 장3도는 반음이 4개이기 때문이지. Major Chord에서 3음을 반음 내려준 것과 같아. 먼저 C minor Chord를 Root-3-4 규칙으로 구해보자.

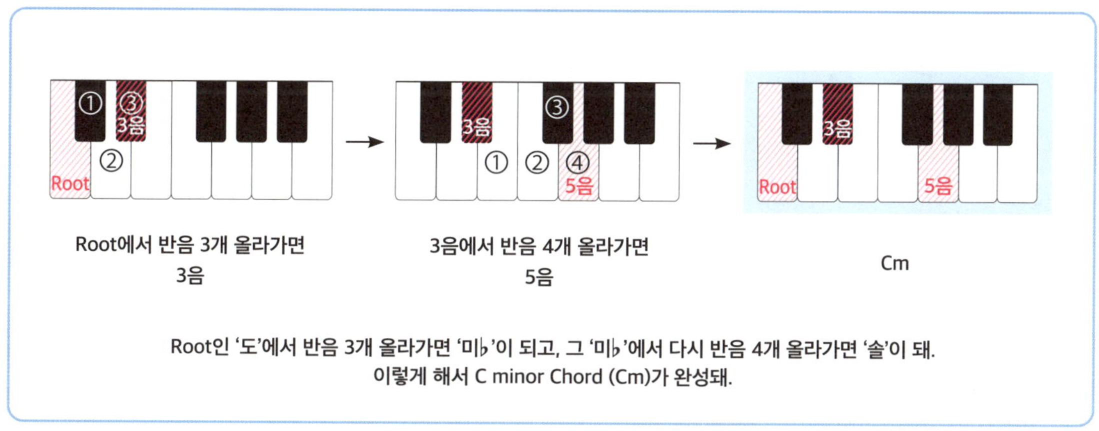

F minor Chord로 한번 더 연습해 볼까? 마찬가지로 'Root-3-4'에 맞춰 반음을 올리면, '파-라♭-도'로 F minor Chord를 완성할 수 있어.

그럼 Fm를 이제 악보로 그려보자. 다음 두 가지 표기 방법 중에서 어떤 게 정답일까?

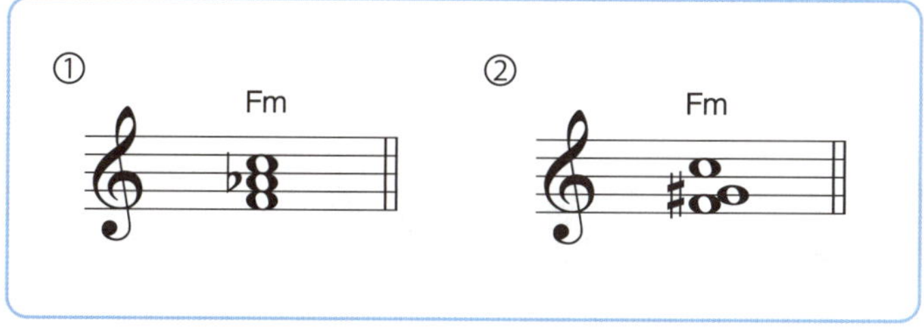

정답은 ①번이야! 왜냐하면 'Root-3-4'에서 첫 구간인 'Root-3'은 단3도 간격이어야 하거든. 그래서 '파-솔♯' 처럼 2도 간격이 나는 표기가 아니라, 반드시 3도 간격이 되는 '파-라♭'로 적어야 정확한 minor Chord가 돼.

이번엔 Augmented Chord(증화음)를 알아보자. 표기법은 Root 음의 알파벳 대문자 뒤에 'aug' 약자를 표기하거나 플러스(+) 기호로 표기해. Augmented Chord는 Root와 3음이 장3도, 3음과 5음이 장3도, 그리고 Root과 5음이 증5도로 이루어져 있어. 그럼 C augmented Chord를 예로 들어보자.

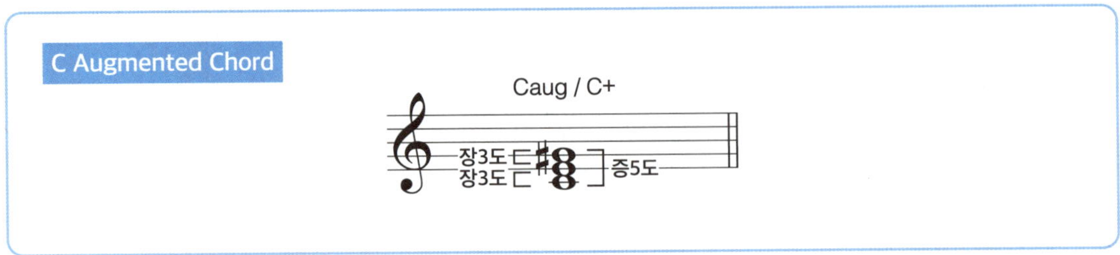

아래 악보를 볼까? Augmented Chord는 묘하고 긴장감 있는 소리로, 따로 들었을 때는 불협화음처럼 어색하게 느껴질 수도 있지만 코드와 코드 사이의 진행을 연결해주는 역할로 이해하고 들어보면 굉장히 매력적이고 색다르게 들리는 코드야.

Augmented Chord는 근음과 3음이 장3도, 3음과 5음도 장3도, 즉 'Root-4-4'만 기억하면 돼. 앞서 배웠던 C Major Chord에서 5음을 반음 올려준 것과 같아. 그럼 C Augmented Chord를 만들어볼까?

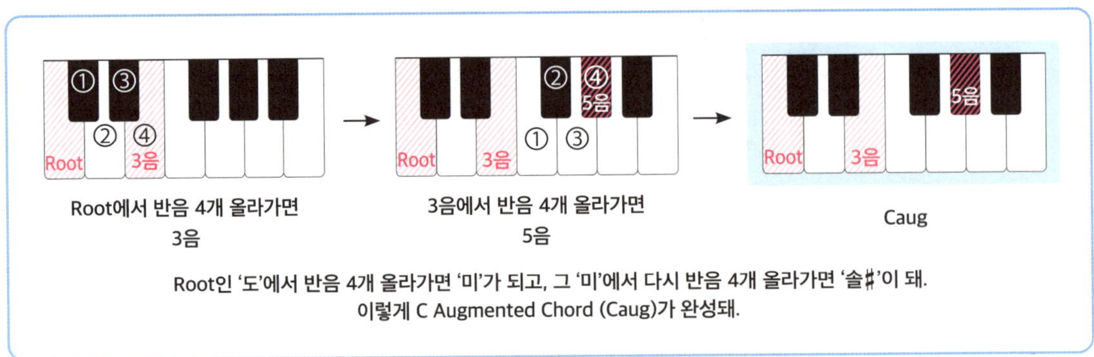

이번엔 Diminished Chord(감화음)를 알아보자. 표기법은 Root 뒤에 dim을 붙이거나, Root 뒤에 °처럼 동그라미를 붙여서 표기해. Diminished Chord는 근음과 3음이 단3도, 3음과 5음이 단3도, 그리고 근음과 5음이 감5도로 이루어져 있어. 그럼 C Diminished Chord를 예로 들어보자.

아래 악보를 볼까? Diminished Chord의 소리를 들으면, 긴장되지? "딴딴딴딴~ 따라라라~ 공개수배합니다!" 바로 '그것이 알고싶다'나 '꼬꼬무' 같은 분위기지. 공포·스릴러 분위기처럼 묘한 긴장을 연출할 때 많이 들을 수 있는 코드야.

Diminished Chord는 'Root-3-3'만 기억하면 쉽게 구할 수 있어. 3음과 5음 모두 단3도로 구성되어 있고, 단3도는 반음이 3개이기 때문이지. C Major Chord에서 3음과 5음을 반음씩 내려준 것과 같아. C Diminished Chord를 만들어볼까?

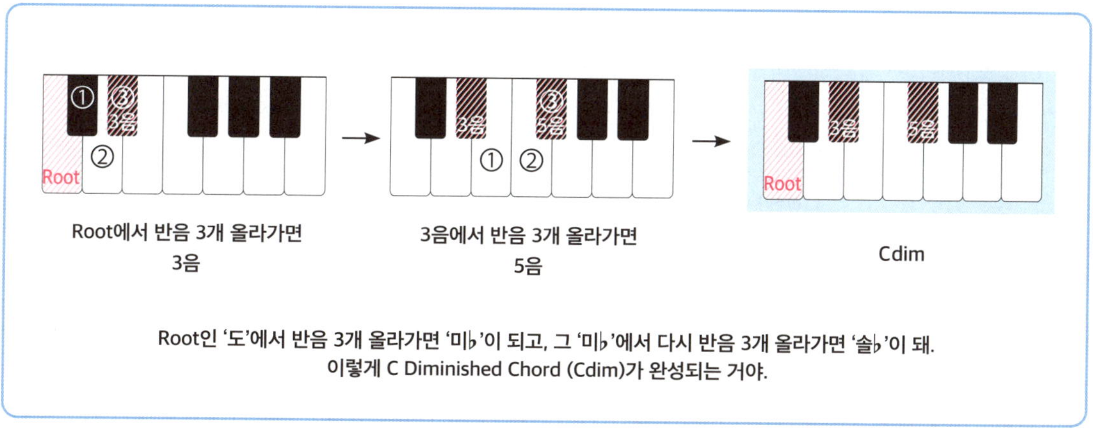

이번엔 Sus4 Chord를 알아보자. Sus는 'Suspended'의 줄임말로, '매달린', '일시적으로 중단된', '보류된'이라는 뜻을 지니고 있어. 음악적으로는 3음으로 해결되기 전에 아직 덜 풀린 듯한, 보류된 느낌을 주는 코드라고 보면 돼. Sus4 Chord는 근음과 4음이 완전4도, 4음과 5음이 장2도, 그리고 근음과 5음이 완전5도로 이루어져 있어.

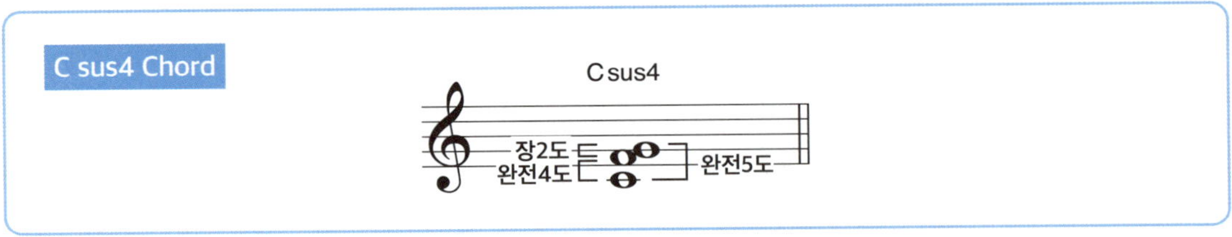

아래 악보를 볼까? Sus4는 다음 코드로 넘어가야 할 것 같은 느낌을 내면서 살짝 긴장감을 주는 특징을 가지고 있어.

Sus4 Chord는 앞서 살펴본 도수에 맞춰 'Root-5-2'만 기억하면 돼. 완전4도는 반음이 5개, 장2도는 반음이 2개이기 때문이지. Sus4는 Major Chord에서 3음을 반음 올려 4음으로 바꾼 형태라서, 살짝 긴장되는 소리를 만들고 다음 코드로 이어질 때 자연스럽게 해결되는 느낌을 줘.

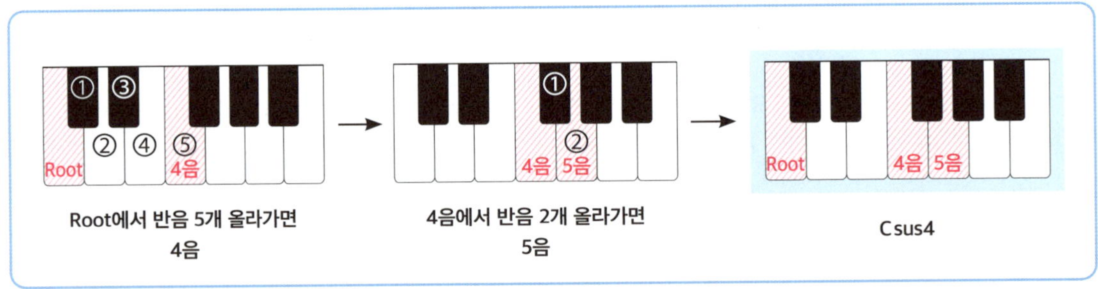

Root인 '도'에서 반음 5개 올라가면 '파'가 되고, 그 '파'에서 다시 반음 2개 올라가면 '솔'이 돼. 이렇게 C sus4 Chord가 완성돼.

"어? 그럼 ②처럼 그려도 되지 않을까?"하는 생각이 들 수 있어. 증3도와 완전4도는 모양은 비슷해 보이지만 완전히 다른 음정이야. Sus4는 다음 코드에서 해결되도록 잠시 3음을 보류하는 역할을 하기 때문에, 4음을 사용해서 ①처럼 그려야 정확한 C Sus4 Chord가 돼.

26강. Triad Chord Inversion (3화음의 자리바꿈)

앞에서 배운 Triad Chord는 세 음의 위치를 바꿔 다른 형태로 연주할 수 있어. 이렇게 가장 낮은 음을 바꾸어 만드는 형태를 'Inversion(전위)'라고 해. 전위는 음의 순서만 달라질 뿐, 코드의 성격 자체는 그대로 유지된다는 점도 기억해 두면 좋아.

이제 C Chord를 예로 하나씩 자리바꿈을 해보자.

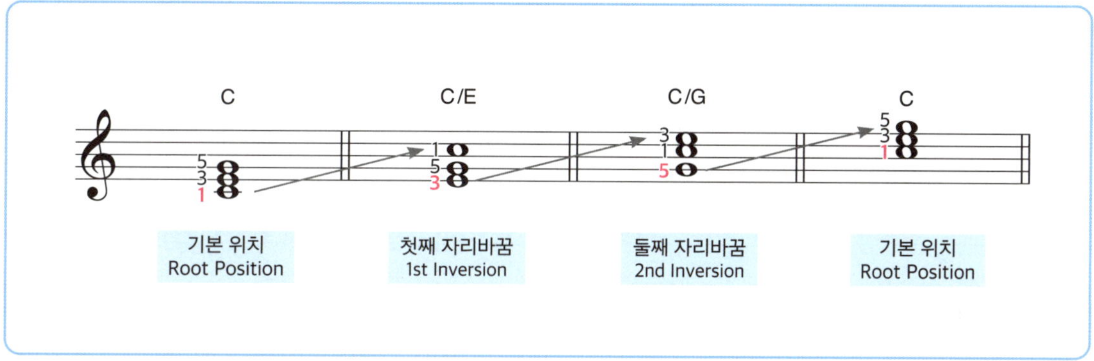

기본 위치 → 첫째 자리바꿈

C Chord의 기본 위치에서 가장 낮은 음은 '도'야. 여기서 '도'를 한 옥타브 위로 올리면 음이 '미-솔-도' 순서가 돼. 이걸 1st Inversion(제1전위)라고 하고, C/E로 표기해.

첫째 자리바꿈 → 둘째 자리바꿈

1st Inversion에서는 가장 낮은 음이 '미'가 되지? 이 '미'를 한 옥타브 올리면 구성음이 '솔-도-미'가 돼. 이걸 2nd Inversion(제2전위)라고 하고, C/G로 표기해.

둘째 자리바꿈 → 기본 위치

이제 가장 낮은 음이 된 '솔'을 한 옥타브 올리면 다시 '도-미-솔'이 되고, 자연스럽게 기본 위치로 돌아오게 돼. 자리만 바뀐 것이지, 여전히 같은 C Chord라는 점은 변하지 않아.

지금까지 Triad Chord의 자리바꿈을 살펴봤어. 전위는 가장 낮은 음만 바꾸어 다른 형태로 연주하는 방법이지만, 코드의 성격과 이름은 그대로 유지된다는 점이 중요해. 실제 연주에서는 이 자리바꿈을 이용해 코드 사이의 연결을 자연스럽게 만들거나, 보다 부드럽고 다양한 사운드를 표현할 수 있어. 앞으로 나올 7th Chord(4화음)에서도 같은 원리가 적용되니, 전위의 개념을 잘 기억해두자!

✏️ 자, 문제 같이 풀어볼까?

1 빈 칸에 알맞은 코드의 이름을 써 보세요.

2 코드의 이름을 보고, 오선 위에 알맞은 음을 그려 보세요.

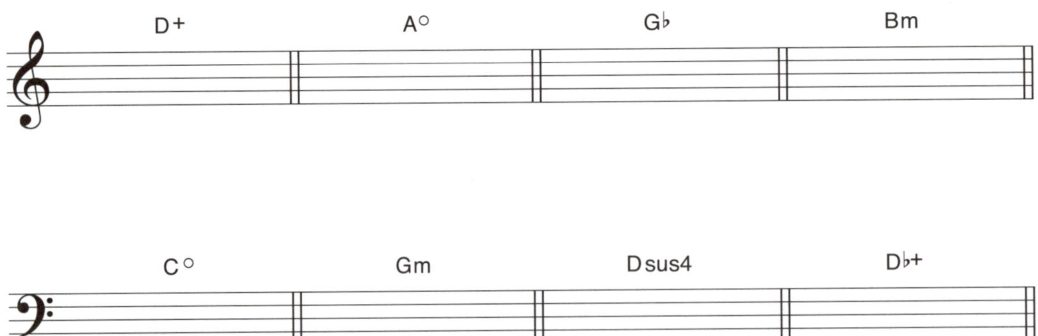

3 빈 칸에 알맞은 자리바꿈 코드의 이름을 써 보세요.

4 코드의 이름을 보고, 오선 위에 알맞은 음을 그려 보세요.

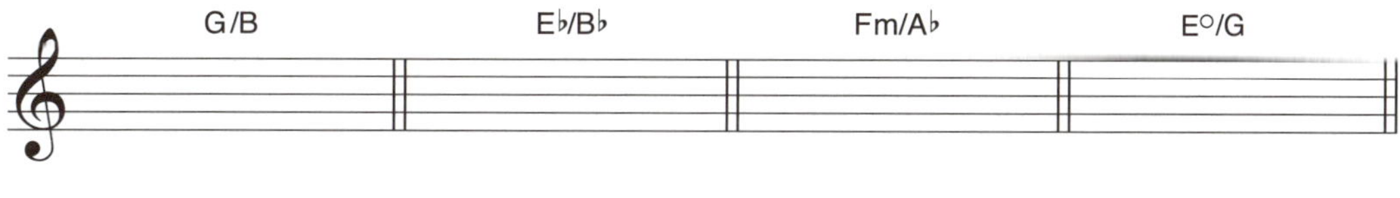

PART 6.

한층 더 깊어진 코드, 4화음

27강. 7th Chord (4화음)

오늘은 7th Chord(세븐스 코드, 4화음)에 대해 알아볼 거야! 앞에서 Triad Chord(3화음)을 배웠지?

3화음 위에 7음을 하나 더 쌓으면 7th Chord가 만들어져.

7th Chord에는 두 가지 기본 형태가 있어. 하나는 M7(장7도) 또 하나는 7(단7도)이야.

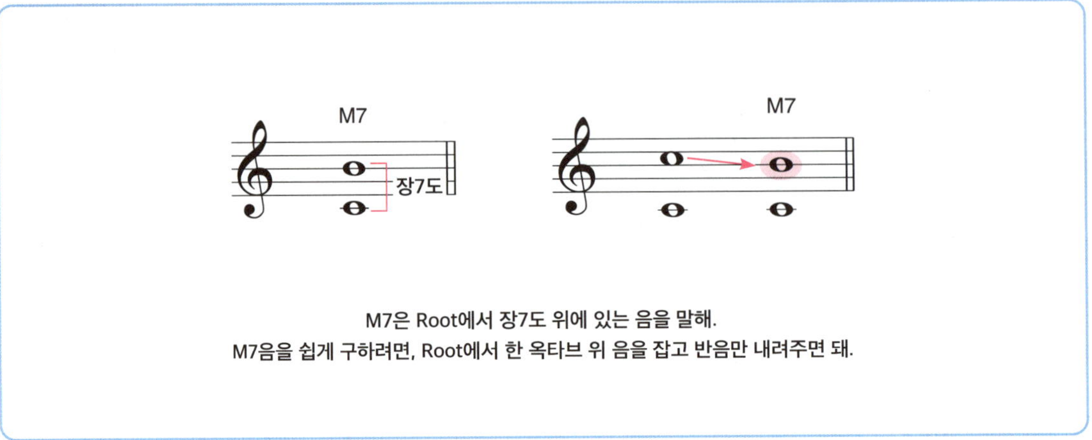

M7은 Root에서 장7도 위에 있는 음을 말해.
M7음을 쉽게 구하려면, Root에서 한 옥타브 위 음을 잡고 반음만 내려주면 돼.

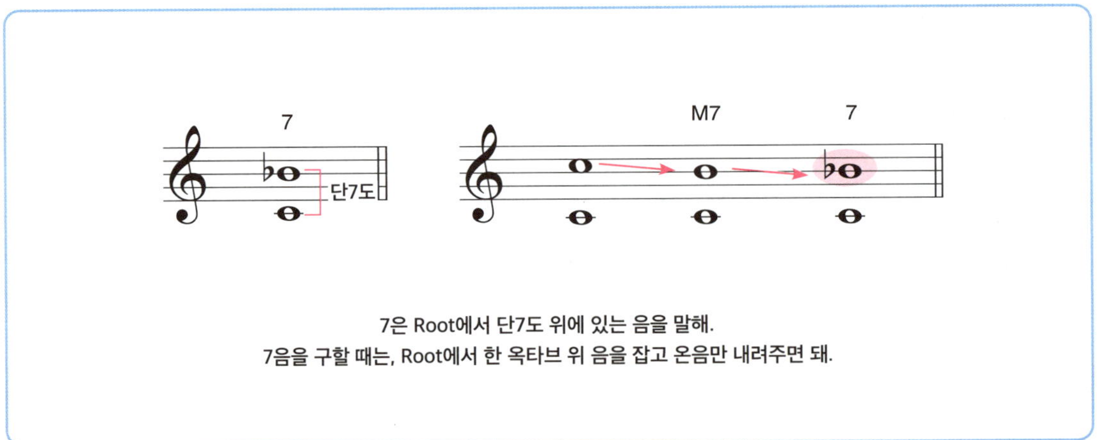

7은 Root에서 단7도 위에 있는 음을 말해.
7음을 구할 때는, Root에서 한 옥타브 위 음을 잡고 온음만 내려주면 돼.

그럼 우리가 알고 있는 C Chord에 이제 M7과 7을 각각 붙여볼게!

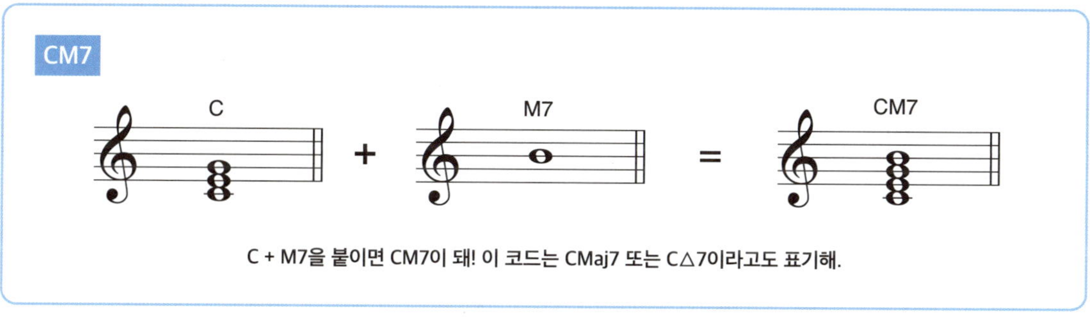

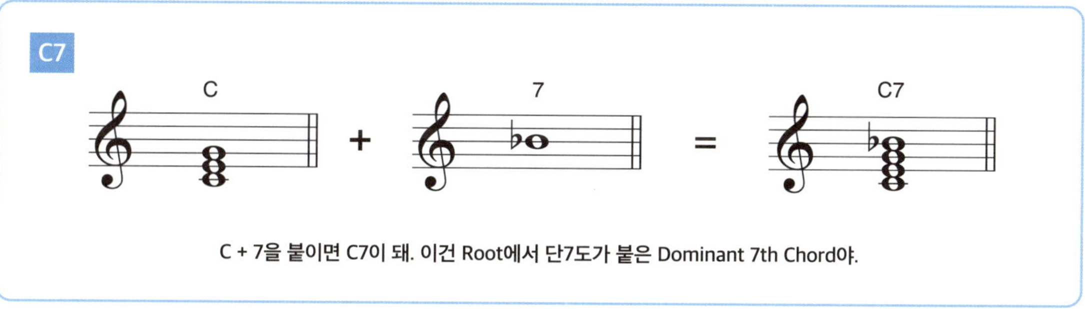

이번엔 우리가 알고 있는 Cm Chord에 M7과 7을 각각 붙여볼 거야.

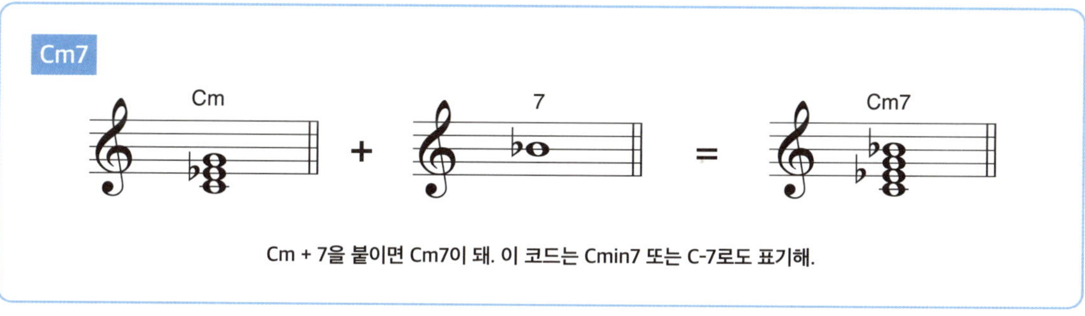

Major는 △, minor는 -로도 나타내니까 기억해 둬!

· Major = maj = M = △

· minor = min = m = −

이제 dim7(디미니쉬 세븐)과 half dim7(하프 디미니쉬 세븐)에 대해 알아볼 거야! "어? 7이니까 단7도 붙이면 되는 거 아니에요?"라고 생각하는 친구들도 있는데, 그건 아니야~ dim7에 붙는 7음은 단7도가 아니라 감7도야.

감7도는 장6도와 같은 음정이고, 표기는 dim7(감7도) 또는 M6(장6도) 둘 다 가능해.

그럼 Cdim7부터 볼까?

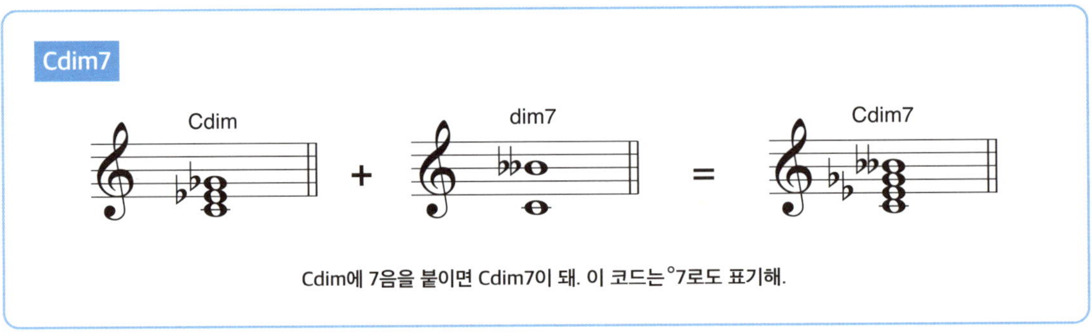

"선생님~ 7은 다 단7이라고 생각했는데, dim만 감7이어서 너무 헷갈려요!" 하는 친구들 있지?
그럴 땐 딱 하나만 기억해! "R-3-3-3"

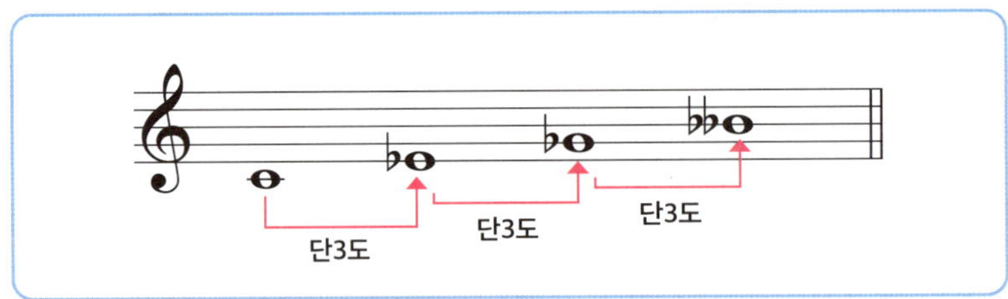

Cdim7은 모든 음 사이가 단3도 간격으로 쌓여 있거든! 모든 음 사이가 일정해. 그래서 C-Eb-Gb-B♭♭(=A) 이게 바로 Cdim7 코드야!

그렇다면 Half dim7은 어떻게 구할까?

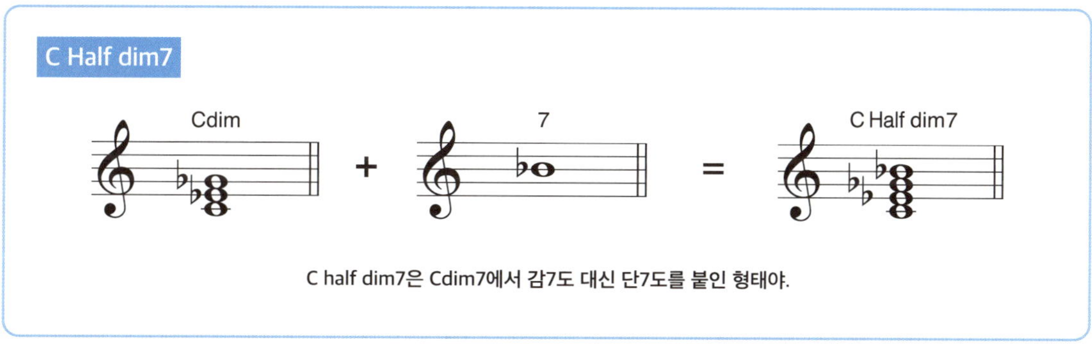

C half dim7은 Cdim7에서 감7도 대신 단7도를 붙인 형태야.

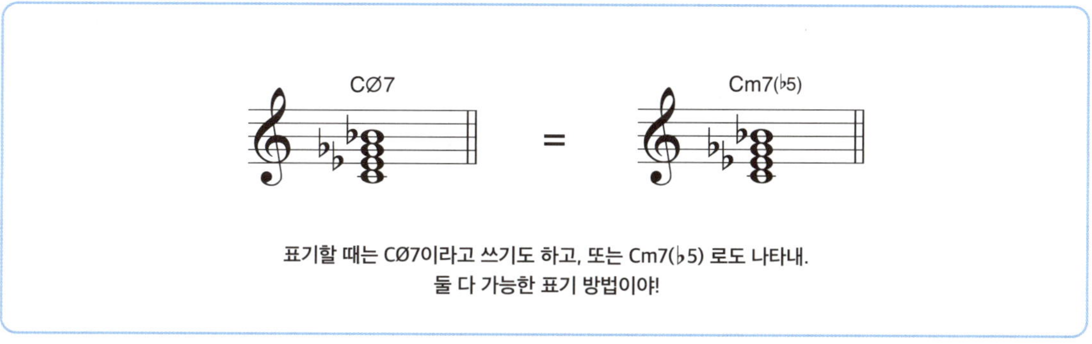

**표기할 때는 CØ7이라고 쓰기도 하고, 또는 Cm7(♭5) 로도 나타내.
둘 다 가능한 표기 방법이야!**

대부분 dim7과 half dim7을 헷갈려 하니까, 이렇게 외워두면 좋아!

· dim7 = R-3-3-3
· half dim7 = m7(♭5)

6th Chord는 Root에서 장6도 음을 더한 화음이야. 구하는 방식은 7th Chord 만들 때와 똑같이, Root → 한 옥타브 위 → 반음3개 내려오기만 기억하면 돼!

C에 6음을 붙이면 C6이 돼.

Cm에 6음을 붙이면 Cm6이 돼.

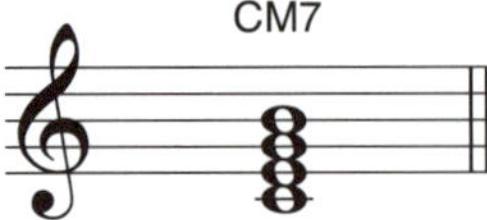
CM7

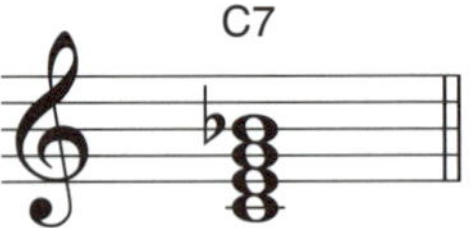
C7

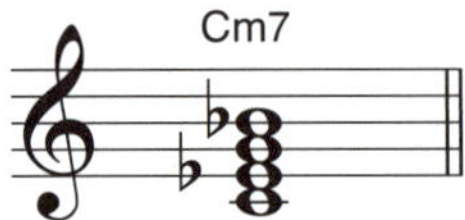
Cm7

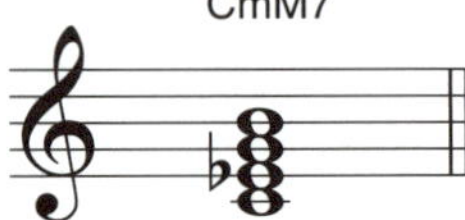
CmM7

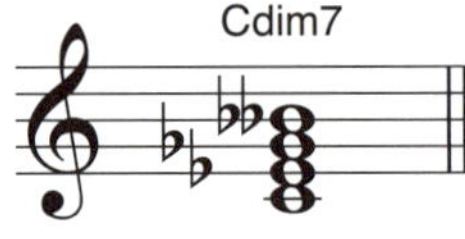
Cdim7

=

Cdim7

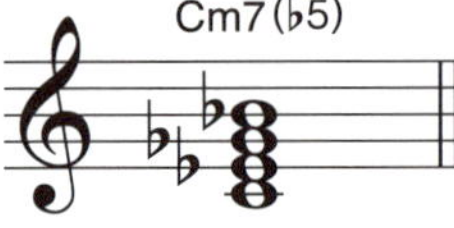
Cm7(♭5)

=

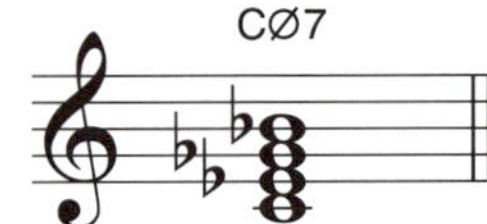
CØ7

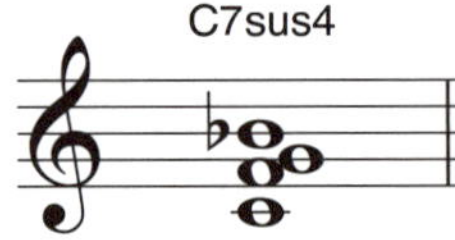
C7sus4

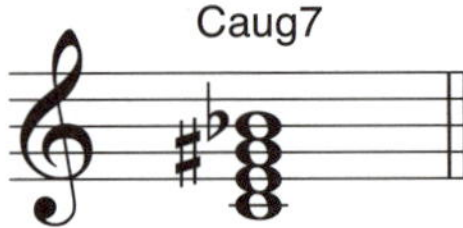
Caug7

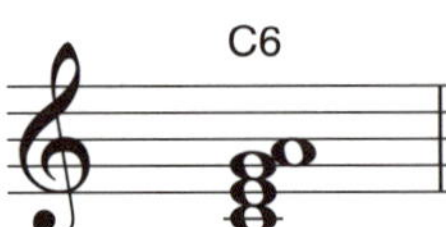
C6

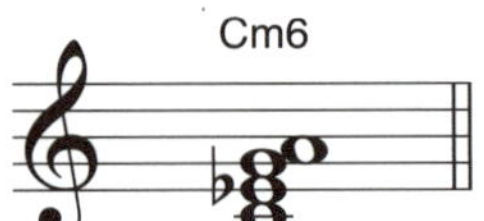
Cm6

28강. 7th Chord Inversion (4화음의 자리바꿈)

7th Chord는 앞서 배운 Triad Chord의 자리바꿈과 같은 원리야. 4화음은 네 음으로 이루어져 있기 때문에 기본 위치(Root Position)부터 제3전위(3rd Inversion)까지 총 자리바꿈이 네번 이루어져. 그래서 셋째 자리바꿈(제3전위)까지 다루게 되니까 잘 봐!

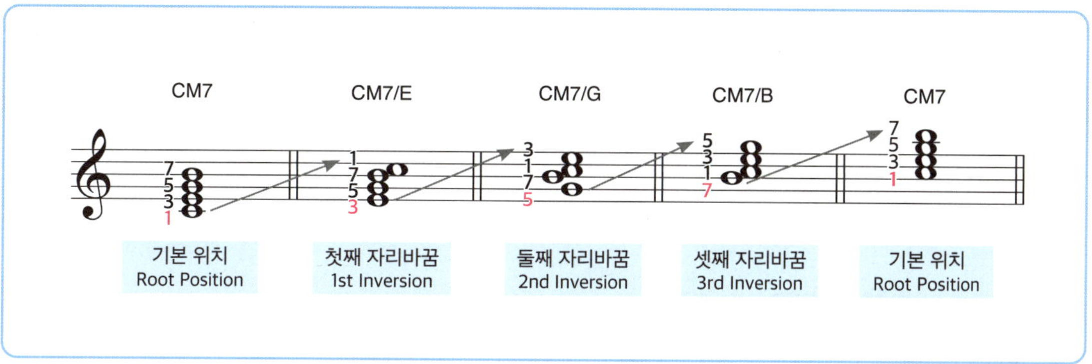

기본 위치 → 첫째 자리바꿈

7th Chord의 기본 위치에서 가장 낮은 음은 '도'야. 여기서 Root를 한 옥타브 위로 올리면, 구성음이 '미-솔-시-도'가 되지? 이걸 1st Inversion(제1전위)라고 하고, 코드는 CM7/E로 표기해.

첫째 자리바꿈 → 둘째 자리바꿈

이제 가장 낮은 음이 된 '미'를 한 옥타브 위로 올리면, 구성음이 '솔-시-도-미'가 돼. 이걸 2nd Inversion(제2전위)라고 하고, 코드는 CM7/G 로 표기해.

둘째 자리바꿈 → 셋째 자리바꿈

이번에는 가장 낮은 음이 된 '솔'을 한 옥타브 위로 올리면 구성음이 '시-도-미-솔' 이 되지? 이걸 3rd Inversion(제3전위)라고 하고, 코드는 CM7/B 로 표기해.

셋째 자리바꿈 → 기본 위치

마지막으로 가장 낮은 음이 된 '시'를 한 옥타브 위로 올리면 다시 '도-미-솔-시'로 돌아와. 자리만 계속 바뀐 것이고, 코드의 성격은 그대로 항상 CM7이야.

✏️ 자, 문제 같이 풀어볼까?

해답은 여기서 바로 확인해 봐! ▶

1 빈 칸에 알맞은 코드의 이름을 써 보세요.

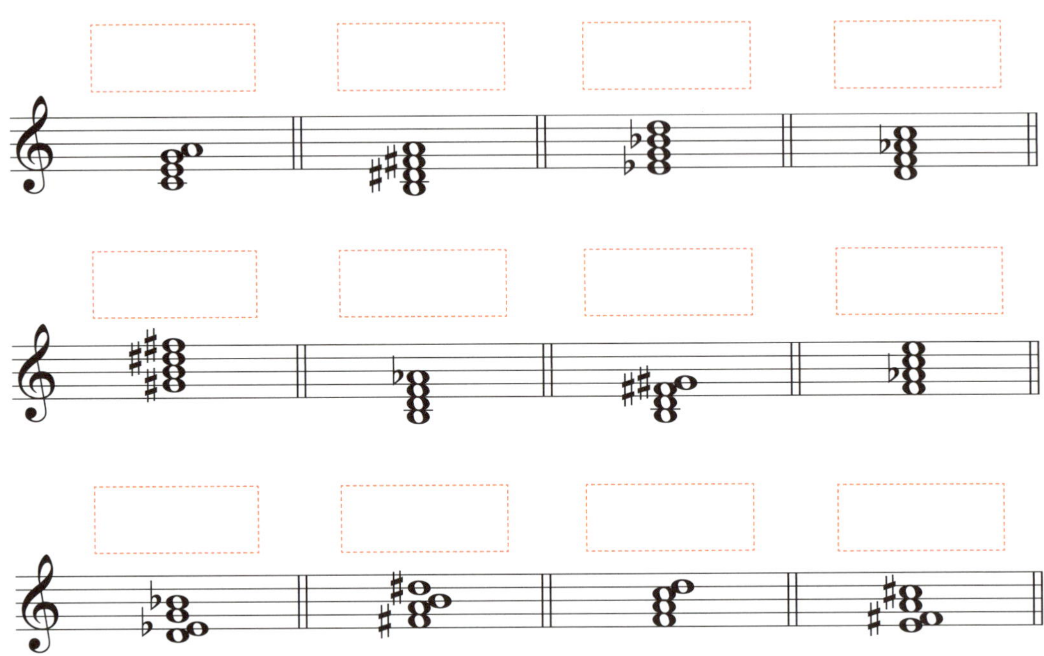

2 코드의 이름을 보고, 오선 위에 알맞은 음을 그려 보세요.

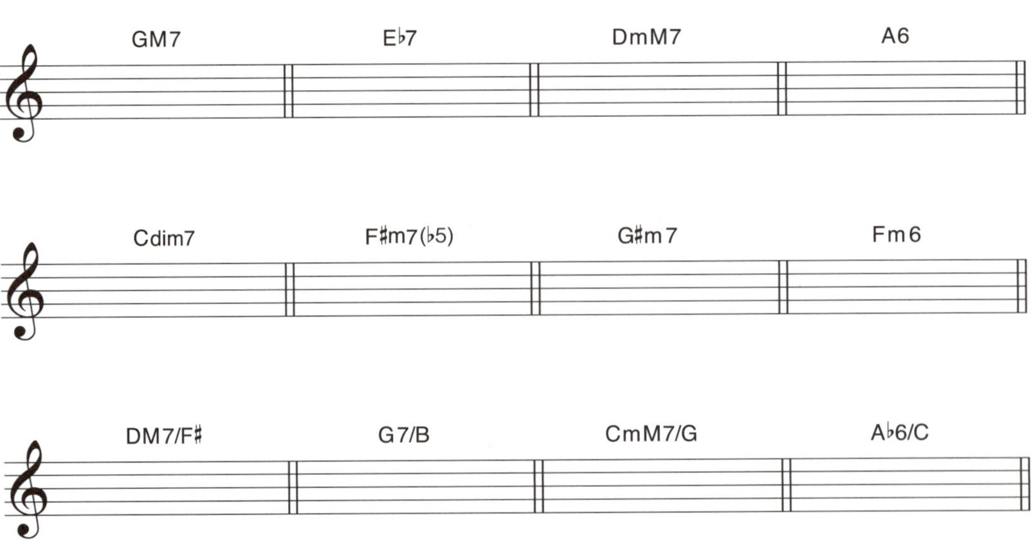

PART 7.

스케일에서 자라나는 다이아토닉 코드

29강. Diatonic Triad Chord (다이아토닉 3화음)

30강. Diatonic 7th Chord (다이아토닉 4화음)

31강. 도수가 뭐야?

32강. Diatonic Chord Function (다이아토닉 코드의 기능)

 # Diatonic Triad Chord (다이아토닉 3화음)

오늘은 Diatonic Triad Chord에 대해서 알아보자. 앞서 배웠던 Major Scale 기억나지? 여기서 먼저 'Diatonic' 음과 'Non-Diatonic' 음을 구분할 줄 알아야 해!

Diatonic 음은 해당 Scale 안에 포함된 음을 뜻하고, 그 밖의 음은 Non-Diatonic 음이라고 해.
그럼 C Major Scale을 예로 자세히 설명해 줄게.

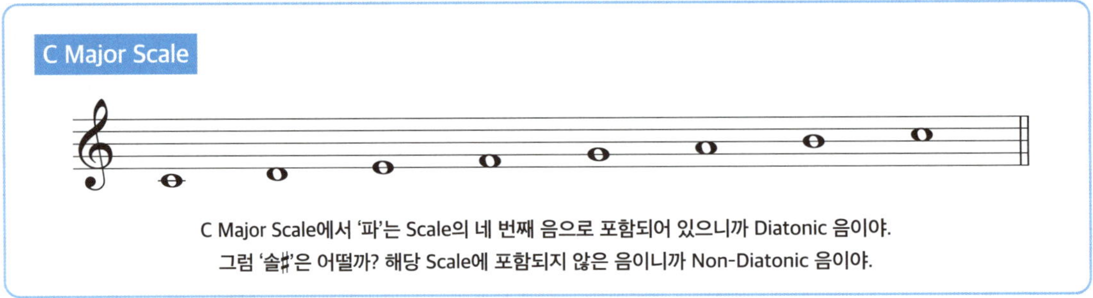

이제 본격적으로 Diatonic Triad Chord에 대해 알아보자. 이름에서 알 수 있듯이 Scale 안에 있는 Diatonic 음만 사용해서 3도씩 쌓아 만든 코드라고 이해하면 돼.

이번에는 F Major Scale로 한 번 더 살펴볼까?

마지막으로 B Major Scale로 한 번 더 살펴보자!

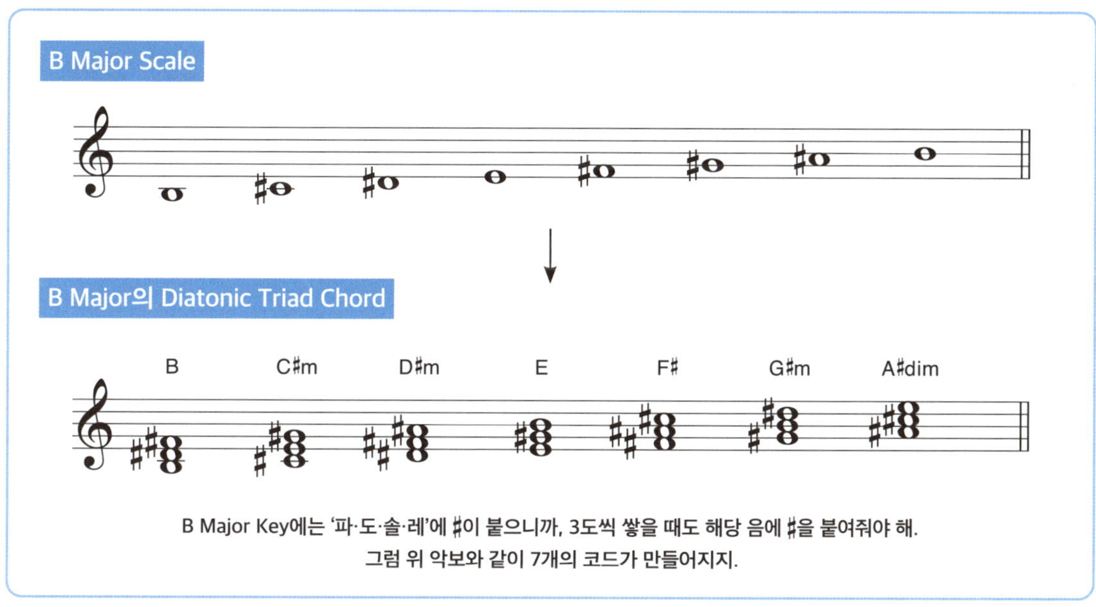

지금까지 서로 다른 3개 Key의 Diatonic Triad Chord를 구해봤어. 그럼 여기서 발견할 수 있는 공통점을 알아볼까?

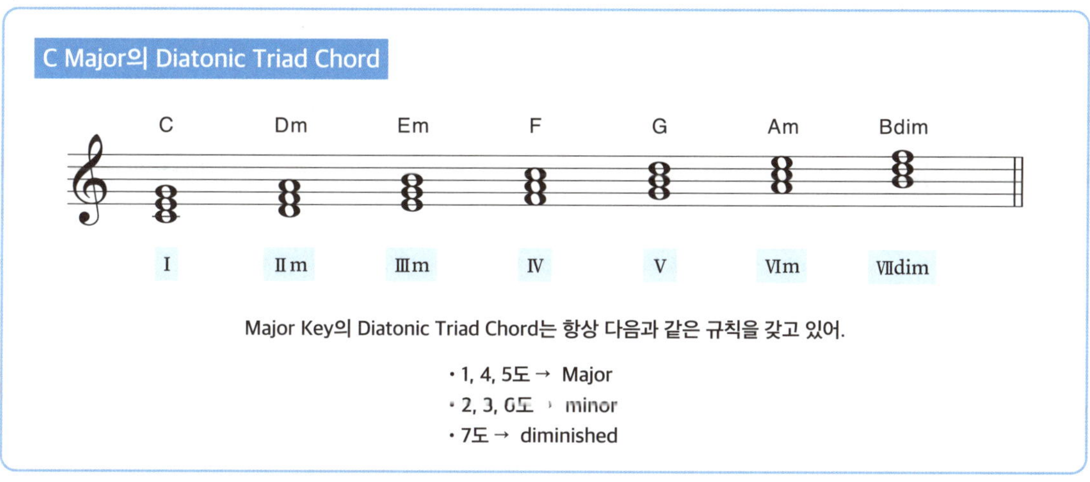

이 원리를 더 쉽게 기억하려면, Chord 앞 글자를 따서 '메마마메메마디'로 외워도 좋아. 이걸 기억해 두면, 매번 3도씩 화음을 쌓지 않아도 바로 코드를 찾을 수 있어.

알아두면 좋아! OKAY~?

처음 코드부터 마지막 코드까지 순서대로 1도~7도로 부르는 것을 '도수'라고 해. 도수는 아라비아 숫자뿐 아니라, 아래처럼 로마 숫자로도 표기한다는 걸 꼭 알아두자! 뒤에서 더 자세히 배울 거야!

1도	2도	3도	4도	5도	6도	7도
I	IIm	IIIm	IV	V	VIm	VIIdim

30강. Diatonic 7th Chord (다이아토닉 4화음)

앞서 배운 Diatonic Triad Chord에서 3도 위로 음을 하나 더 쌓아 만들면 'Diatonic 7th Chord'가 돼.

즉, 3도씩 총 네 개의 음을 쌓아 만든 7th Chord이며, 이때 사용되는 모든 음은 반드시 해당 Key 안의 Diatonic 음이어야 해. Diatonic이 아닌 음은 사용할 수 없어! 그럼 C Major Scale을 예시로 어떻게 만들어지는지 같이 살펴볼까?

G Major Scale로 한 번 더 살펴볼까?

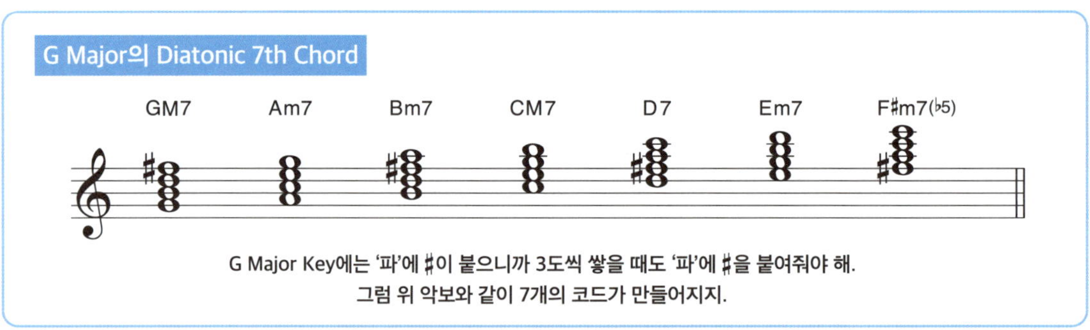

앞에서 배운 '메마마메메마디' 기억나지? 같은 방식으로 7th Chord일 때는 '메메마메세마플'로 외우면 훨씬 쉽게 기억할 수 있어.

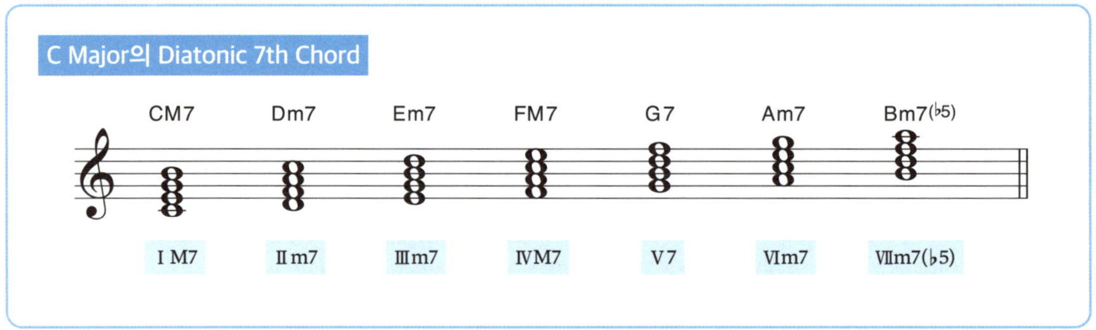

31강. 도수가 뭐야?

'도수'는 코드를 순서대로 1도(I)부터 7도(VII)까지 번호처럼 부르는 방식이야. 앞에서 설명했듯이, 스케일의 첫 음부터 시작해 만들어진 코드를 차례대로 매기는 거라고 보면 돼. 그럼 이제 우리가 살펴본 Diatonic Chord의 도수를 직접 구해볼까? 도수는 알파벳 대신 로마 숫자로 표기하고 뒤에 M7,m7,7,dim 등이 붙어있다면 그대로 써주면 돼.

C Major Key부터 한번 확인해보자.

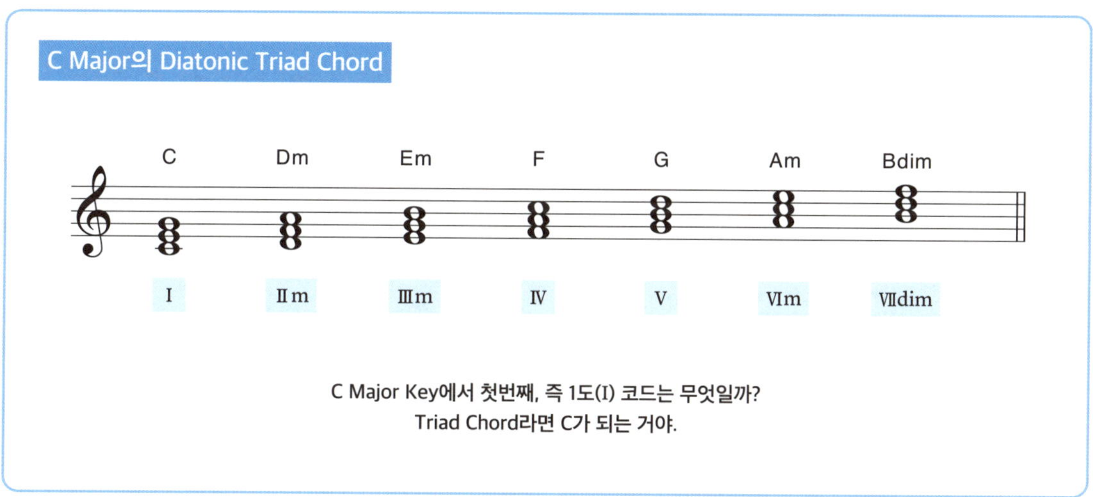

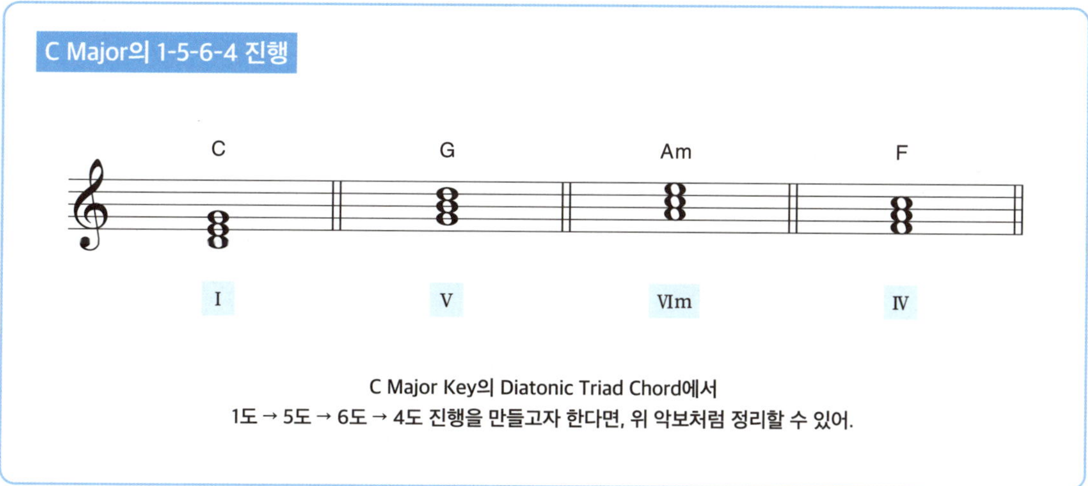

이처럼 '도수'는 특정 도수를 골라 연주하는 경우가 많아, 우리가 흔히 말하는 코드 진행이 바로 이 개념이야. 곡의 분위기, 느낌, 진행 구조를 만들 때 도수는 필수적으로 사용되는 핵심 개념이지. 그럼 이제 예시 곡을 들어보면서 실제로 자주 쓰이는 1-5-6-4 진행이 어떻게 활용되는지 살펴보자!

그럼 C Major의 1-5-6-4 진행 먼저 살펴볼까? 대표적으로 비틀즈의 'Let It Be'가 이 진행으로 구성되어 있어. 인트로(Intro)와 벌스(Verse)의 첫 두마디를 봐도 알 수 있지. 이 도수 진행을 피아노로 한 번 연주해보면, 어디선가 들어본 듯한 아주 익숙한 느낌이 들 거야.

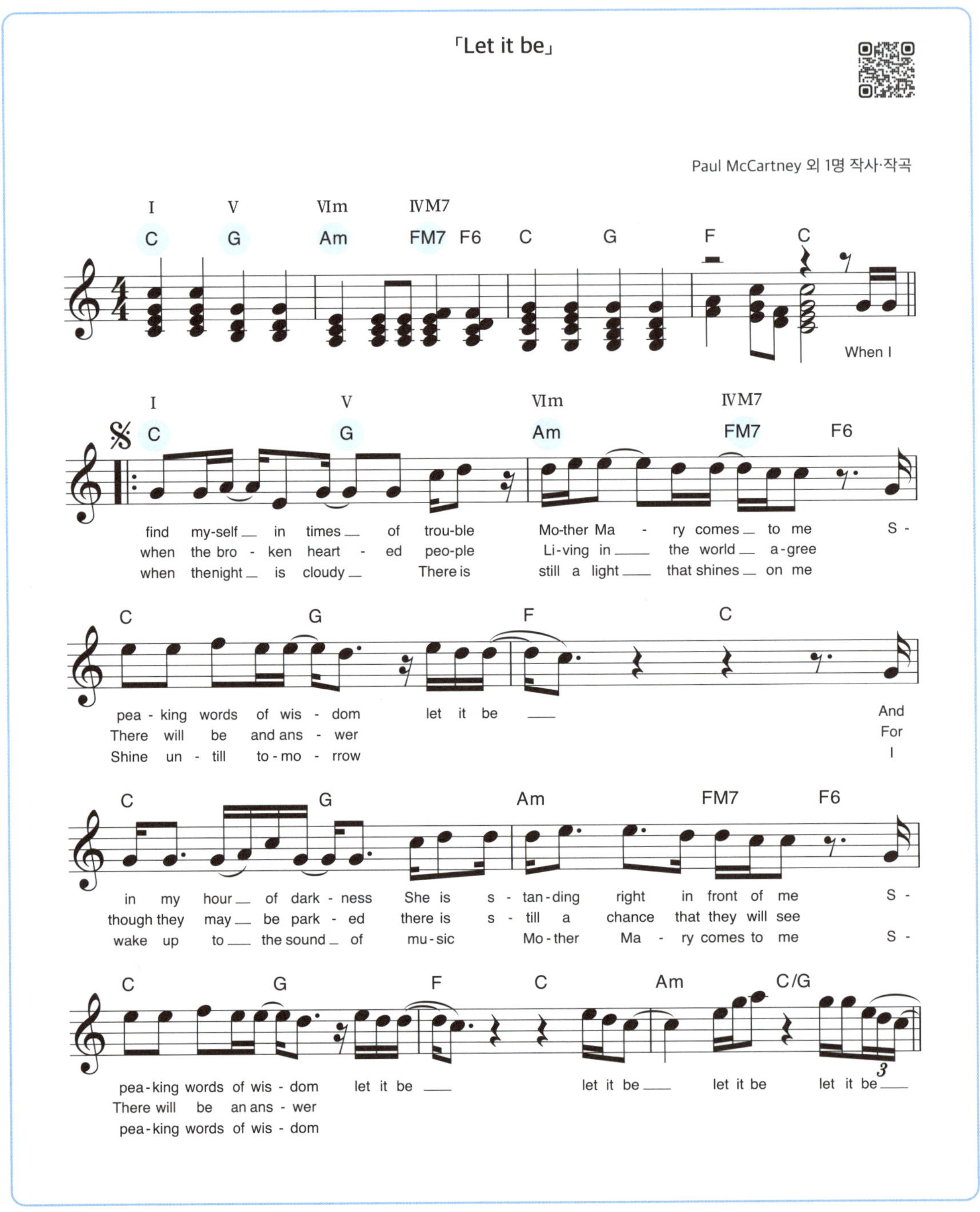

이번에는 다음 예시곡인 'I'm Yours'의 Key에 맞춰, B Major Key의 Diatonic Triad Chord로 1-5-6-4 진행을 만들어 보자.

B Major의 1-5-6-4 진행

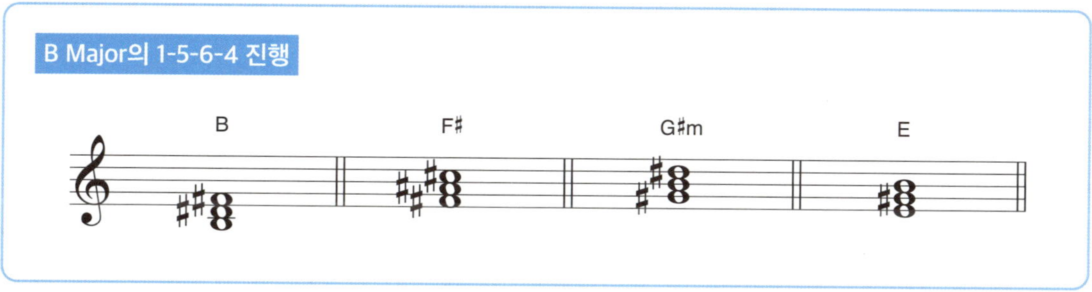

이 곡은 인트로부터 1절 끝까지 앞에서 구한 B Major의 1-5-6-4 진행으로 구성되어 있어.

「I'm Yours」

Jason Mraz 작사·작곡

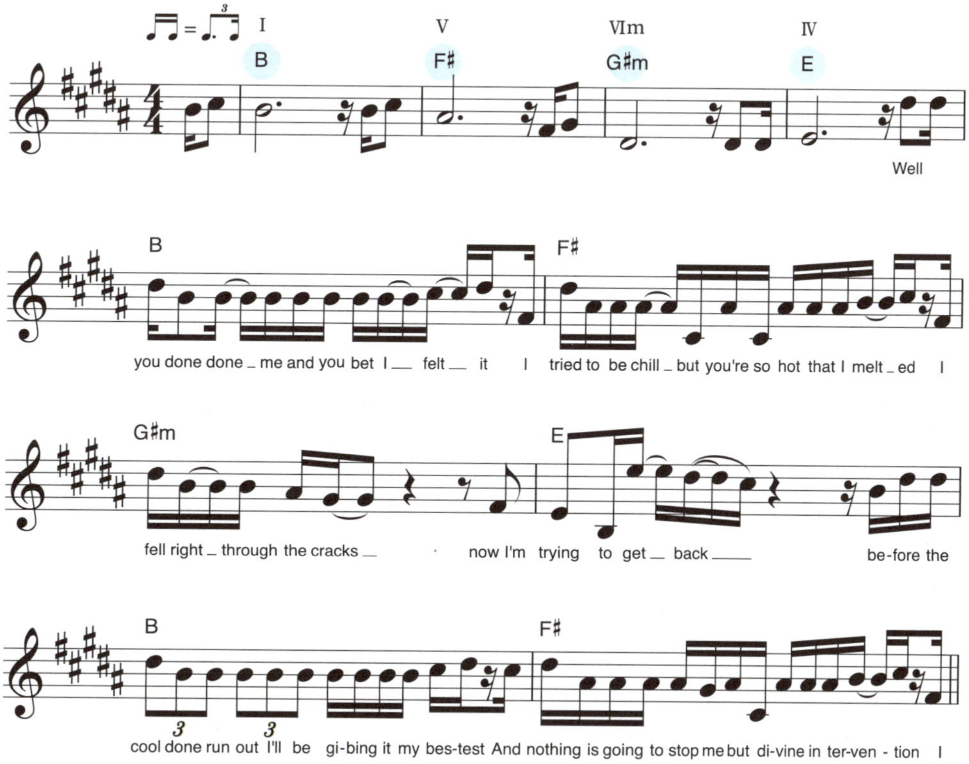

그럼 마지막으로 다음 예시곡인 'Someone Like You'의 A Major Key에 맞춰, Diatonic Triad Chord로 1-5-6-4 진행을 만들어보자.

A Major의 1-5-6-4 진행

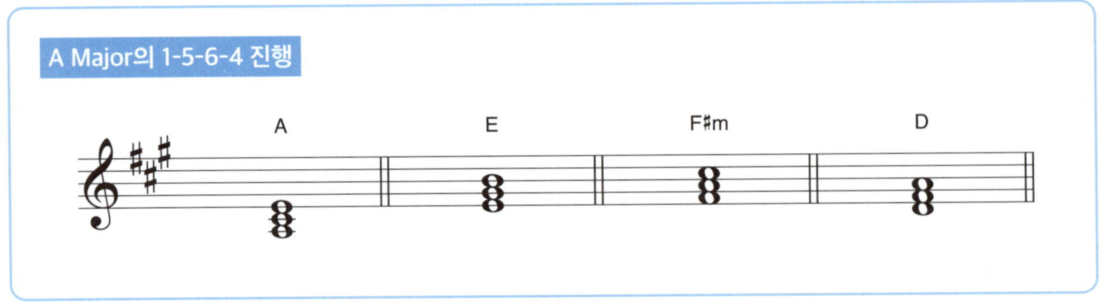

이 곡은 후렴 전체가 A Major의 1-5-6-4 진행으로 구성되어 있어.

「Someone Like You」

Adele 외 1명 작사·작곡

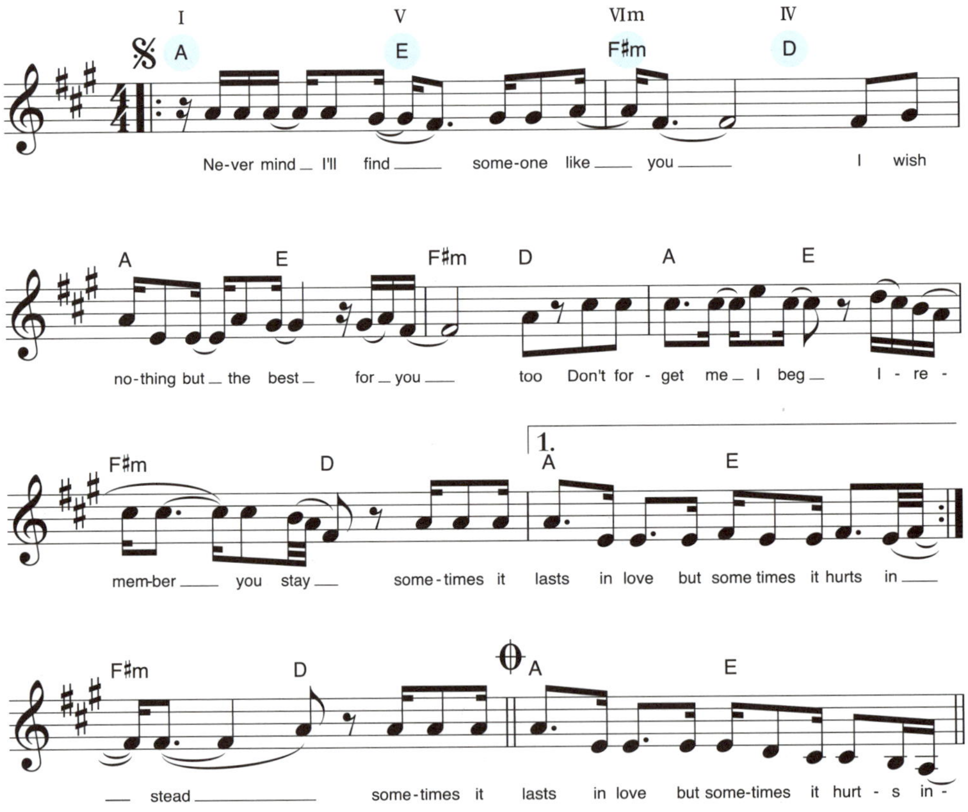

이렇게 유명한 노래에 많이 쓰이는 코드 진행을 흔히 '머니 코드(Money Chord)'라고 불러. 말 그대로, '돈이 되는 코드 진행'이라는 뜻이지. 이런 코드 진행을 알아두면 작곡이나 편곡에 매우 유용하게 활용할 수 있을 뿐만 아니라, 연주할 때도 곡을 훨씬 세련되고 풍성하게 만들어줄 수 있으니 잘 기억해두자!

 # Diatonic Chord Function (다이아토닉 코드의 기능)

이번에는 앞서 배운 Diatonic Chord들이 각각 어떤 Function(기능)을 갖고 있는지 알아볼 거야. Chord에서의 Function은 그 코드가 각자 지니고 있는 성격과 역할을 의미한다고 이해하면 돼. 실용음악에서는 보통 다음과 같이 대표적으로 쓰이는 세 가지 대표 기능 코드를 사용해.

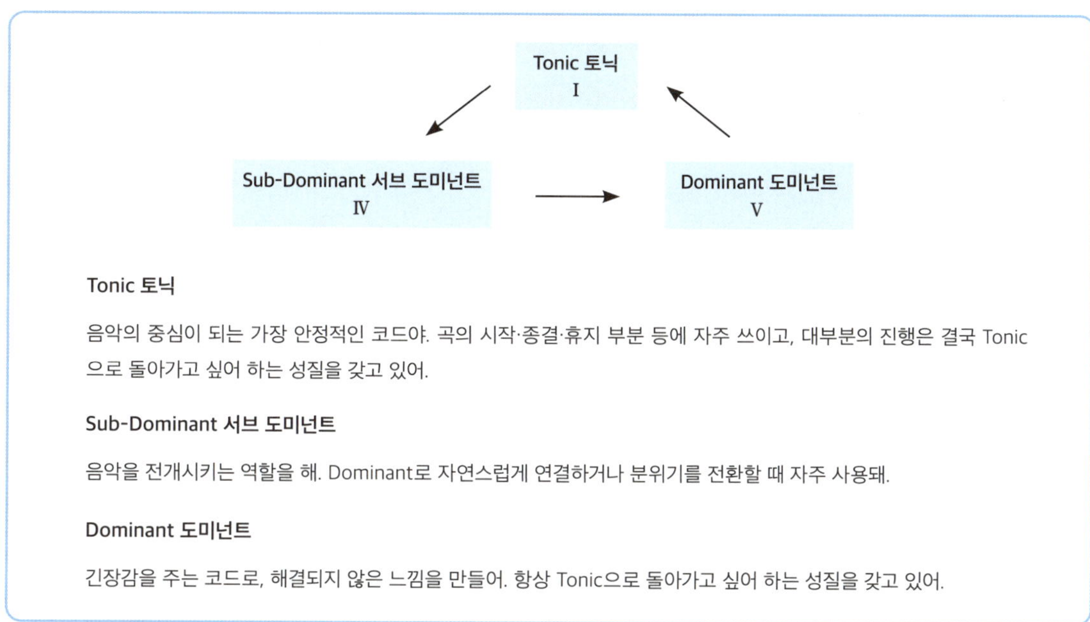

Tonic 토닉

음악의 중심이 되는 가장 안정적인 코드야. 곡의 시작·종결·휴지 부분 등에 자주 쓰이고, 대부분의 진행은 결국 Tonic 으로 돌아가고 싶어 하는 성질을 갖고 있어.

Sub-Dominant 서브 도미넌트

음악을 전개시키는 역할을 해. Dominant로 자연스럽게 연결하거나 분위기를 전환할 때 자주 사용돼.

Dominant 도미넌트

긴장감을 주는 코드로, 해결되지 않은 느낌을 만들어. 항상 Tonic으로 돌아가고 싶어 하는 성질을 갖고 있어.

이 외의 Diatonic Chord들도 아래처럼 대표 코드를 대신하는 대리 코드를 가질 수 있어.
- **Tonic Function** : I(1도), IIIm(3도), VIm(6도)
- **Sub-Dominant Function**: IV(4도), IIm(2도)
- **Dominant Function**: V(5도), VIIdim(7도)

그럼 '학교 종' 노래를 대리 코드로 바꿔서 연주해 볼까? 기존 코드와 비교해서 들어보면 훨씬 재밌을 거야.

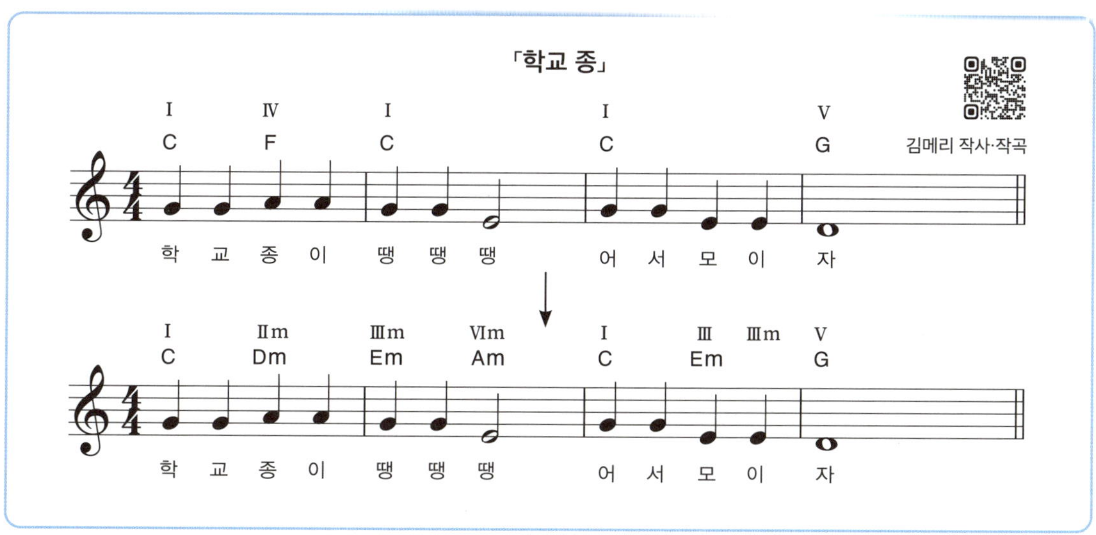

✏️ 자, 문제 같이 풀어볼까?

1 빈 칸에 알맞은 D Major의 Diatonic 7th Chord를 써 보세요.

2 빈 칸에 A♭ Major의 6번째 Diatonic Triad Chord를 써 보세요.

3 빈 칸에 G♭ Major의 Diatonic 7th Chord를 써 보세요.

4 빈 칸에 E Major의 4번째 Diatonic Triad Chord를 써 보세요.

5 Diatonic 7th Chord of G Major의 4도-7도-2도-3도 진행을 써 보세요.

☐ - ☐ - ☐ - ☐

6 Diatonic triad Chord of D♭ Major의 1도-4도-2도-6도 진행을 써 보세요.

☐ - ☐ - ☐ - ☐

7 E♭ Key에서 Sub-Dominant의 해당하는 코드를 찾아 보세요.

① Gm7

② Cm7

③ B♭7

④ Fm7

⑤ Dm7(♭5)

8 2도(II) 코드의 Chord Function을 써 보세요.

☐

PART 8.
조미료 한 스푼 : 텐션

33강. Tension [텐션]

33강. Tension (텐션)

오늘은 Tension(텐션)에 대해서 알아볼 거야. Tension은 코드에 색채감을 더해주는 역할이라고 생각하면 돼. 기본 코드의 구성음이 아닌 음을 추가해서 화성의 풍부함을 더해주지. 기본 Tension에는 9(Nine)·11(Eleven)· 13(Thirteen) 이렇게 세 가지가 있어. 그럼 C Chord를 기준으로 텐션을 함께 구해볼까?

먼저 Tension 9(Nine)부터 알아볼까? Tension 9는 Chord의 루트(Root)로부터 장9도 위에 있는 음을 말해. CM7 코드를 예로 들어 자세히 알아보자.

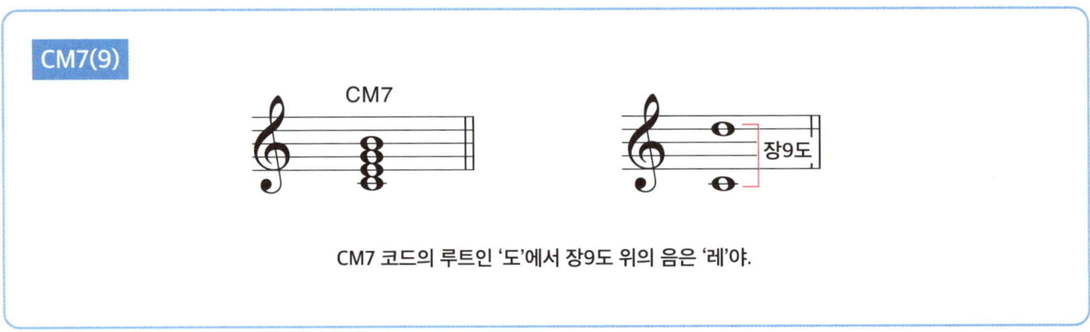

CM7 코드의 루트인 '도'에서 장9도 위의 음은 '레'야.

그럼 C7의 Tension 9은 어떻게 될까? 루트는 CM7과 마찬가지로 '도'로 같으니까, 장9도 위의 음도 똑같이 '레'가 되겠지?

Cm7의 Tension 9도 마찬가지로 CM7, C7과 루트가 같기 때문에 장9도 위의 음이 '레'가 되겠지?

Tension 9을 쉽게 구하는 방법을 한 가지 더 알려줄게. 바로 루트에서 옥타브를 올린 후 장2도 위의 음을 구하면 돼. 아래 악보를 볼까?

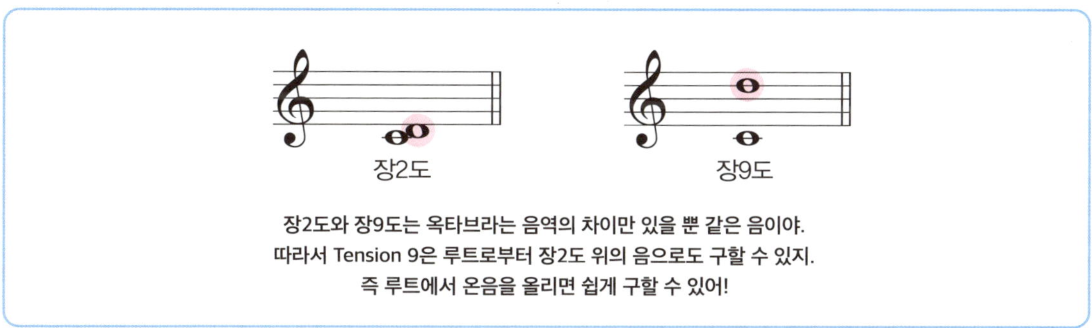

장2도와 장9도는 옥타브라는 음역의 차이만 있을 뿐 같은 음이야.
따라서 Tension 9은 루트로부터 장2도 위의 음으로도 구할 수 있지.
즉 루트에서 온음을 올리면 쉽게 구할 수 있어!

이번엔 Tension 11에 대해서 알아볼까? Tension 11은 Chord의 루트로부터 완전11도 위에 있는 음을 말해. 그럼 Cm7 코드를 예로 들어 자세히 알아보자.

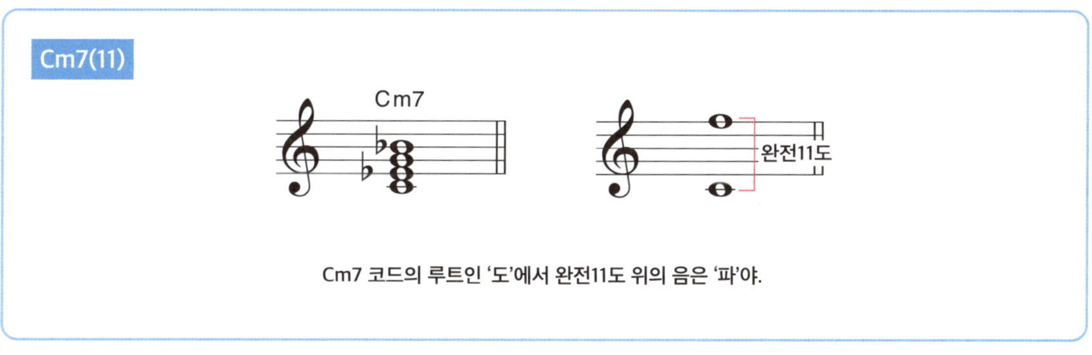

Cm7 코드의 루트인 '도'에서 완전11도 위의 음은 '파'야.

마찬가지로 Tension 11도 옥타브를 이용해 더욱 쉽게 구할 수 있어. 루트에서 옥타브를 올린 후 완전4도 위의 음을 구하면 돼. 아래 악보를 볼까?

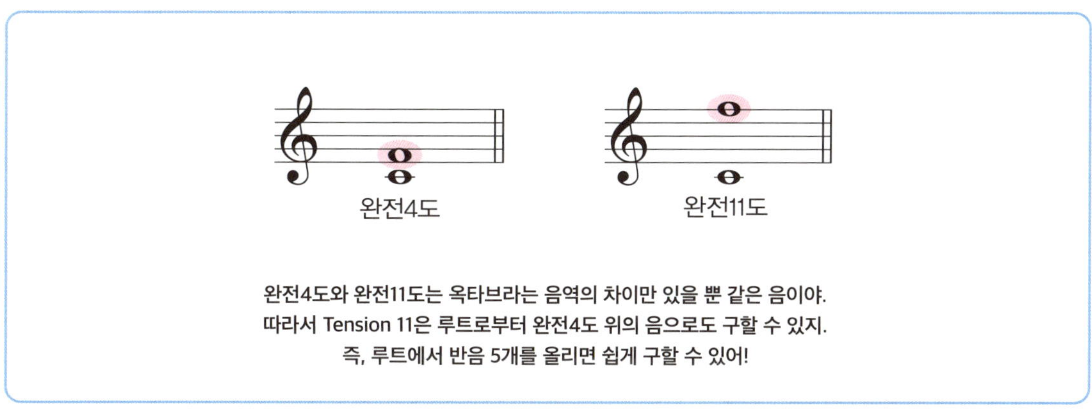

완전4도와 완전11도는 옥타브라는 음역의 차이만 있을 뿐 같은 음이야.
따라서 Tension 11은 루트로부터 완전4도 위의 음으로도 구할 수 있지.
즉, 루트에서 반음 5개를 올리면 쉽게 구할 수 있어!

이번엔 Tension 13에 대해서 알아볼까? Tension 13은 Chord의 루트(Root) 로부터 '장13도' 위에 있는 음을 말해. 그럼 C7 코드를 예로 들어 자세히 알아보자.

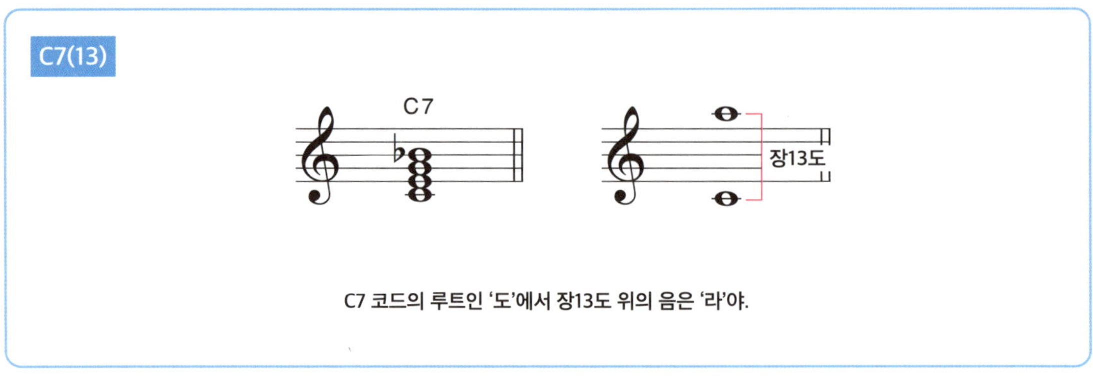

C7 코드의 루트인 '도'에서 장13도 위의 음은 '라'야.

Tension 13도 옥타브를 이용해 더욱 쉽게 구할 수 있어. 루트에서 옥타브를 올린 후 장6도 위의 음을 구하면 돼. 아래 악보를 볼까?

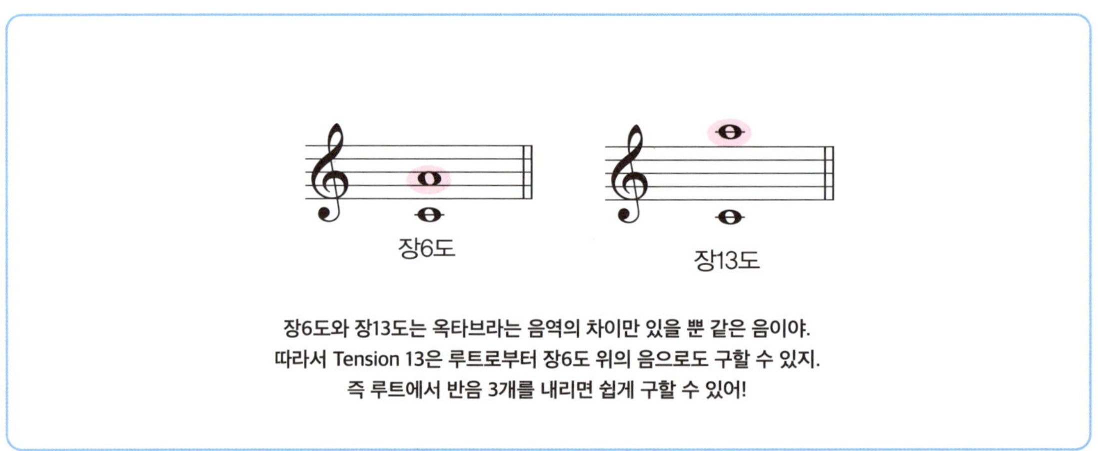

장6도와 장13도는 옥타브라는 음역의 차이만 있을 뿐 같은 음이야.
따라서 Tension 13은 루트로부터 장6도 위의 음으로도 구할 수 있지.
즉 루트에서 반음 3개를 내리면 쉽게 구할 수 있어!

Tension은 결국 Root에서부터의 음정을 정확히 파악하는 게 핵심이야.

그럼 이제 각 Tension의 변형에 대해 알아볼까? 텐션의 변형이란, 기존의 Tension 음에서 반음 위나 아래로 변화시켜 새로운 색채를 만들어내는 것을 말해.

그럼 C 음을 예로 들어 Tension 9의 변형부터 자세히 살펴볼까?

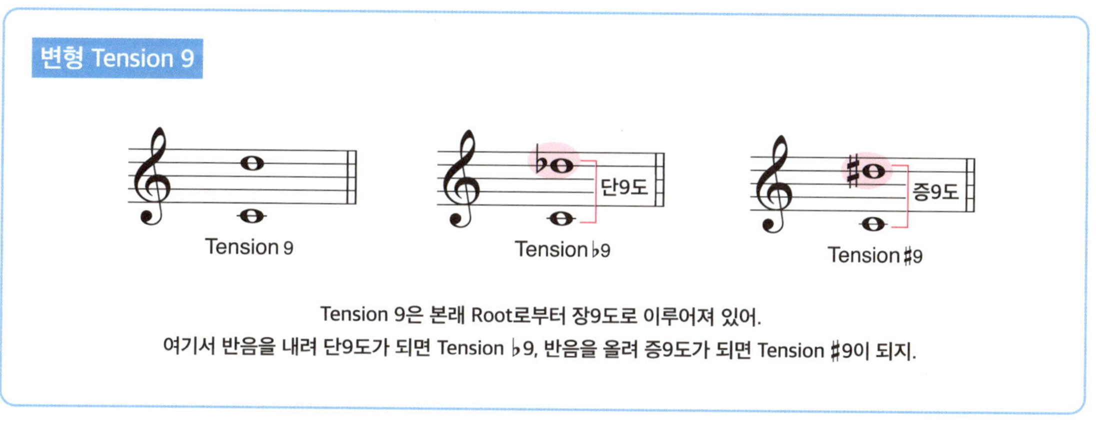

Tension 9는 본래 Root로부터 장9도로 이루어져 있어.
여기서 반음을 내려 단9도가 되면 Tension ♭9, 반음을 올려 증9도가 되면 Tension ♯9이 되지.

다음은 Tension 11의 변형을 알아보자.

Tension 11은 본래 Root로부터 완전11도로 이루어져 있어.
여기서 반음을 올려 증11도가 되면 Tension ♯11이 되지.

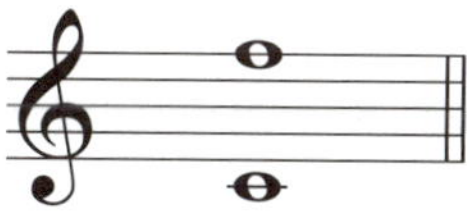

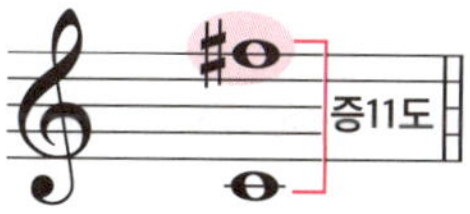

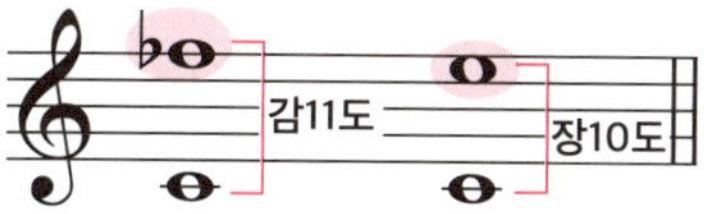

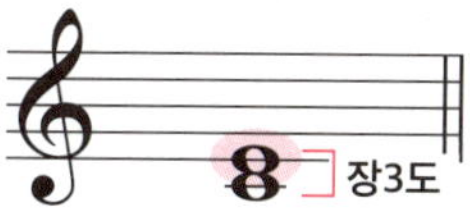

그런데 반음을 내리면 감11도가 되면서 장10도와 같은 음이 돼.
Root로부터 장10도는 곧 장3도와 같은 음이지?

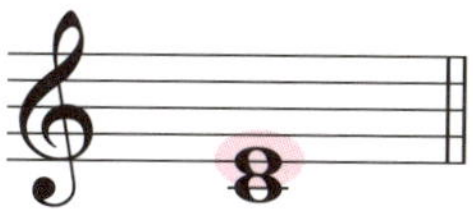

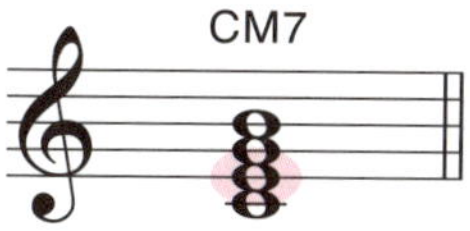

장3도는 Major Chord의 3음이기 때문에 Tension이 아닌 코드의 구성음(Chord Tone)에 해당돼.
따라서 Tension ♭11이라는 텐션은 존재하지 않아.

다음은 Tension 13의 변형을 알아보자.

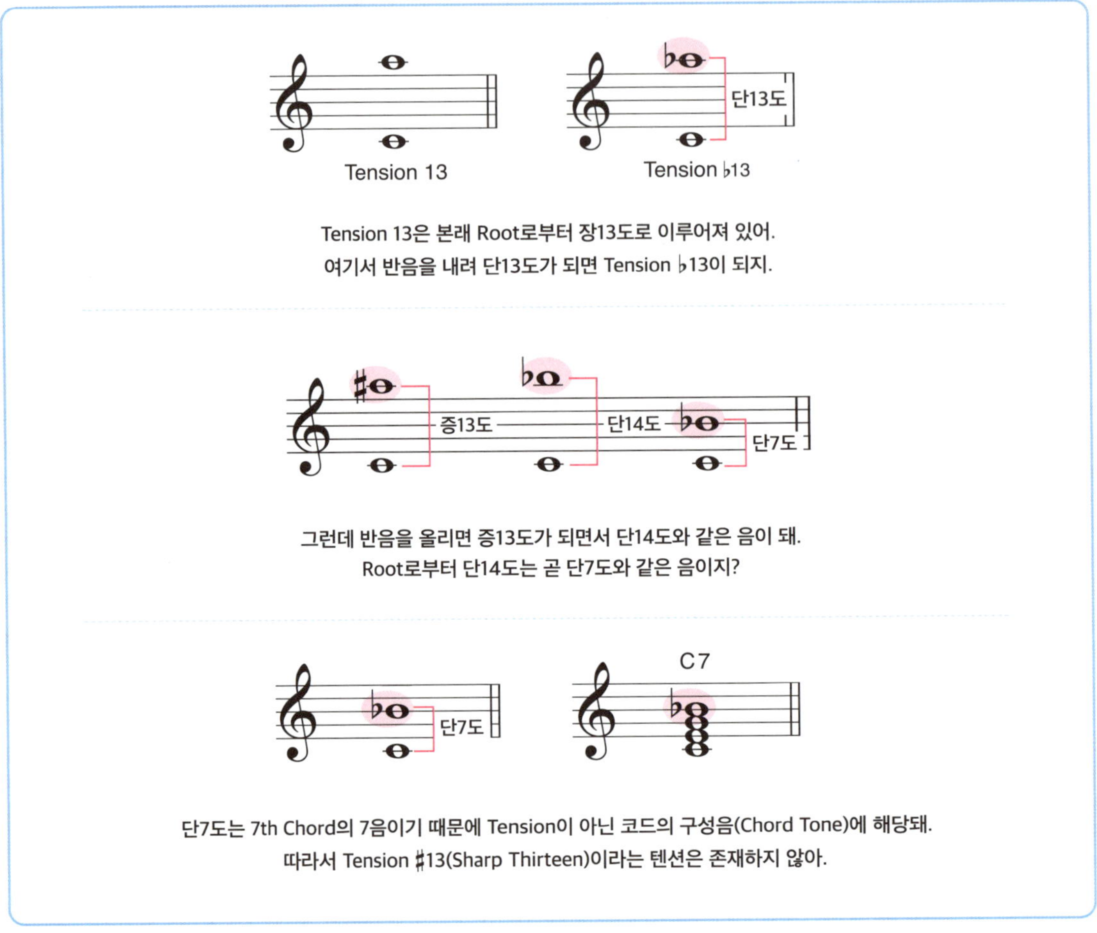

기본 Tension부터 변형 Tension까지 모두 살펴봤어. Tension의 모든 종류를 정리하면 다음과 같아.

- ♭9(Flat Nine), 9(Nine), ♯9(Sharp Nine)
- 11(Eleven), ♯11(Sharp Eleven)
- ♭13(Flat Thirteen), 13(Thirteen)

Tension은 단순히 음을 하나 더하는 개념이 아니라, 곡의 분위기를 바꾸는 중요한 요소야. 실제 연주에서 다양한 Tension을 적용해 보면, 같은 코드에서도 완전히 다른 느낌을 만들 수 있어!

✏️ 자, 문제 같이 풀어볼까?

1 빈 칸에 Tension의 종류 7가지를 써 보세요.

☐ , ☐ , ☐ , ☐ , ☐ , ☐ , ☐

2 각 Chord의 텐션에 해당하는 음을 그려 보세요.

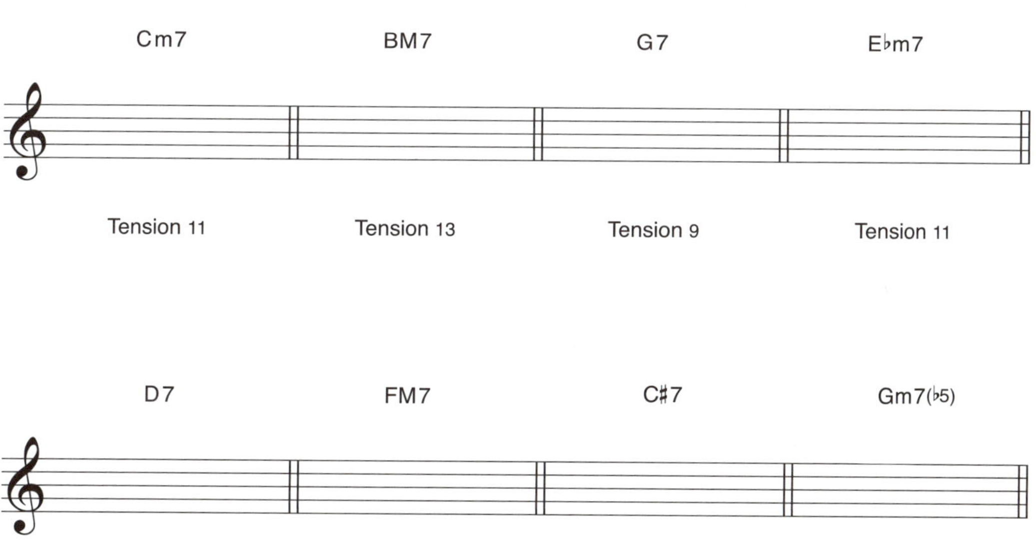

PART 9.

다이아토닉 코드에 텐션 더하기

34강. Major Diatonic 7th Chord Tension
(다이아토닉 코드 텐션)

34강. Major Diatonic 7th Chord Tension
(다이아토닉 코드 텐션)

Tension(텐션)의 종류에 대해 배웠으니, 이제 그 Tension을 실제로 어떻게 적용하는지 알아보자! 우선 C Major Key 를 예로 들어서, 앞서 배웠던 Major Diatonic 7th Chord를 떠올려 볼까?

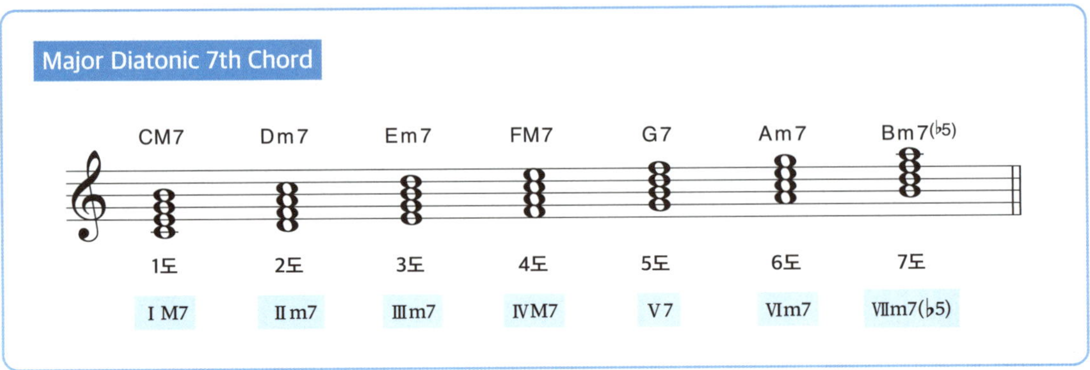

첫 번째 코드인 CM7은 '도–미–솔–시'로 이루어져 있어. 이 네 음은 코드톤이기 때문에 당연히 서로 잘 어울리지. 그 럼 코드톤을 제외한 나머지 음들, 즉 '레–파–라'는 어떨까? 이 음들은 상황에 따라 코드와 잘 어울리기도 하고, 충돌 하기도 해.

> · 코드와 잘 어울리는 음 → Tension(텐션)
>
> · 코드와 부딪혀서 어색한 음 → Avoid(어보이드)

'Avoid'는 '피하다'라는 뜻이야. 즉, 함께 소리를 냈을 때 코드톤과 반음으로 충돌하여 어색하게 들리기 때문에 피해야 하는 음이라는 뜻이지.

그럼 어울리는지, 안 어울리는지를 어떻게 알 수 있을까? 기준은 아주 간단해! 3화음의 코드톤과 비교했을 때, 그 음 이 장9도(=온음 관계)면 Tension, 단9도(=반음 관계)면 Avoid야. 즉, 코드톤과 온음으로 떨어져 있으면 어울리고, 반 음으로 붙어 있으면 충돌한다고 기억하면 돼.

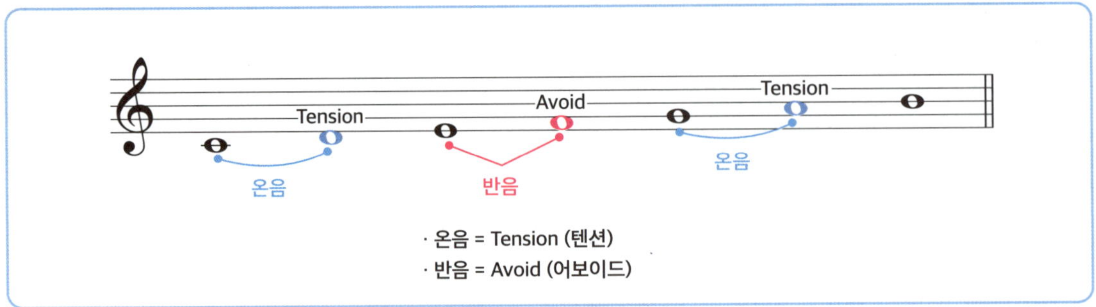

정리하자면, 온음 관계면 Tension, 반음 관계면 Avoid라고 기억하면 돼!

그럼 이제 같이 Tension을 구해보자! 첫 번째 코드인 CM7부터 해볼까? CM7의 코드톤인 '도-미-솔-시' 위에 3도씩 3개의 음을 더 쌓아볼게. 이때 Diatonic 음으로 쌓아줘야 해! C Key는 ♯과 ♭이 모두 붙지 않은 조표를 가지고 있으니까, '레-파-라' 음을 쌓으면 되겠지?

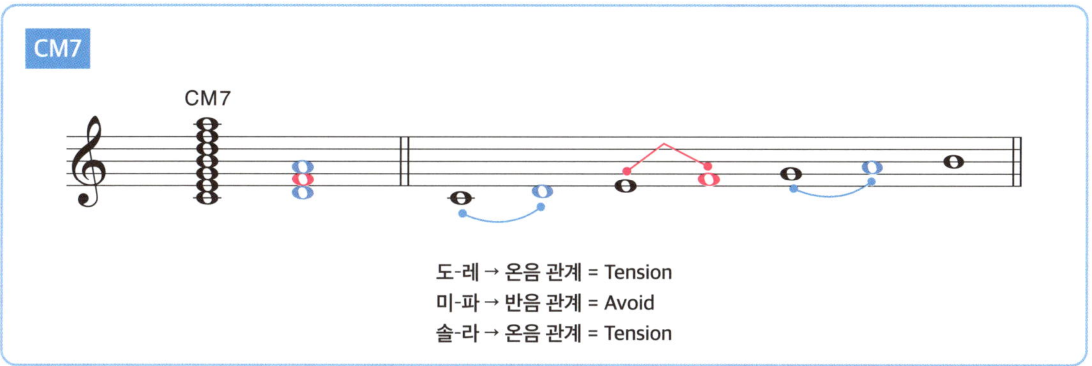

앞서 설명한 대로 각 음의 음정 관계가 온음인지 반음인지 살펴보면 결국 C Major Key의 1도인 CM7에서는 '레'와 '라'를 Tension으로 쓸 수 있다는 걸 알 수 있어.

다음 두 번째 코드인 Dm7을 보자. 코드톤은 '레-파-라-도'고, 여기에 3도씩 3개의 음을 더 쌓으면 '미-솔-시'가 생기지.

여기서 '시'는 예외적으로 Avoid가 돼. 그 이유는 뒤에서 자세히 알려줄게! 그럼 C Major Key의 2도인 Dm7에서는 '미'와 '솔'을 Tension으로 쓸 수 있어.

이번엔 세 번째 코드인 Em7을 보자. 코드톤은 '미-솔-시-레'고, 여기에 3도씩 3개의 음을 더 쌓으면 '파-라-도'가 생기지.

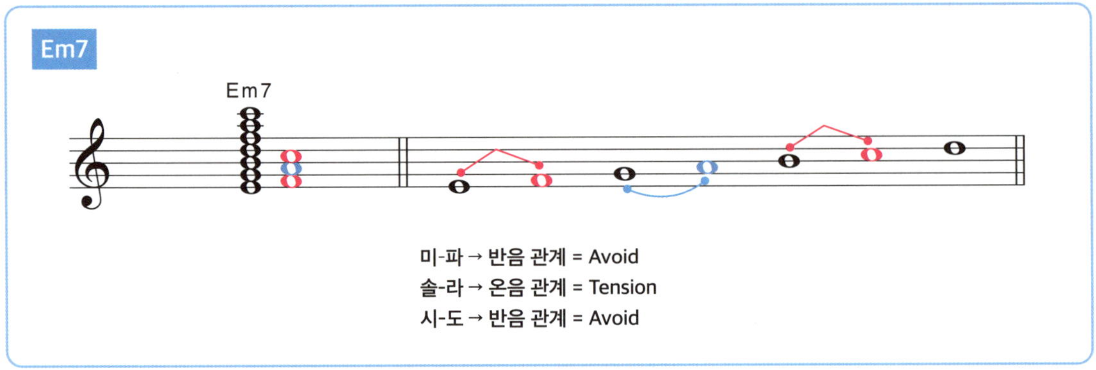

이 중에서는 '라' 음만 Tension으로 쓸 수 있어.

이번엔 네 번째 코드인 FM7을 보자. 코드톤은 '파-라-도-미'고, 여기에 3도씩 3개의 음을 더 쌓으면 '솔-시-레'가 생기지.

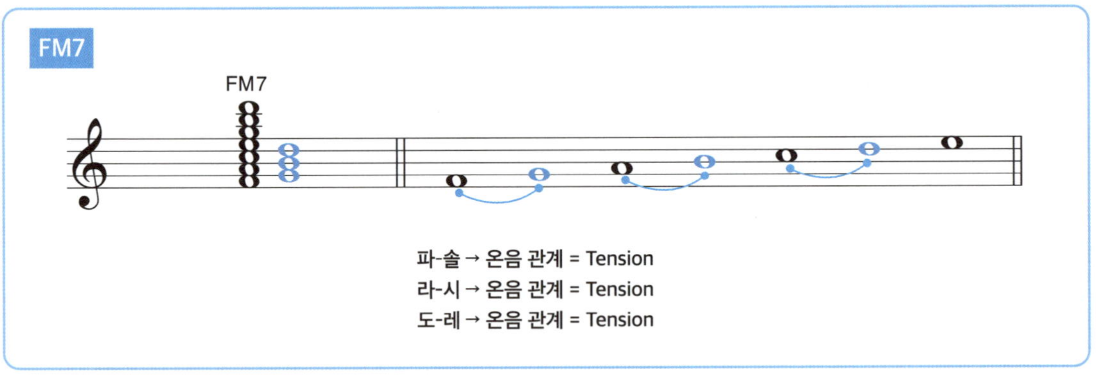

따라서 C Major Key의 4도인 FM7에서는 '솔', '시', '레' 이렇게 세 개의 음을 모두 Tension으로 쓸 수 있어.

이번엔 다섯 번째 코드인 G7을 보자. 코드톤은 '솔-시-레-파'고, 여기에 3도씩 3개의 음을 더 쌓으면 '라-도-미'가 생기지.

따라서 C Major Key의 5도인 G7에서는 '라', '미' 음을 Tension으로 쓸 수 있어.

이번엔 여섯 번째 코드인 Am7을 보자. 코드톤은 '라-도-미-솔'이고, 여기에 3도씩 3개의 음을 더 쌓으면 '시-레-파'가 생기지.

그래서 C Major Key의 6도인 Am7에서는 '시', '레' 음을 Tension으로 쓸 수 있어.

마지막으로 일곱 번째 코드인 Bm7(♭5)를 보자. 코드톤은 '시-레-파-라'고, 여기에 3도씩 3개의 음을 더 쌓으면 '도-미-솔'이 생기지.

따라서 C Major Key의 7도인 Bm7(♭5)에서는 '미', '솔' 음을 Tension으로 쓸 수 있어.

지금까지 구한 C Major Key의 Tension은 다음과 같이 정리할 수 있어.

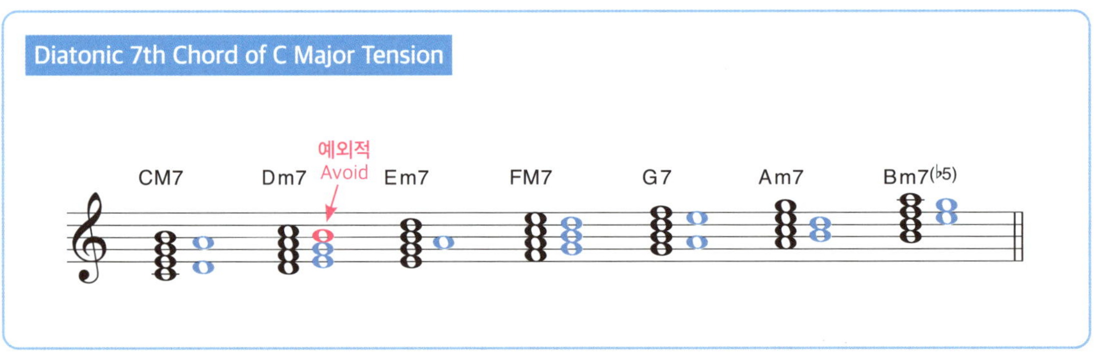

그럼 이제 Tension들의 이름을 붙여보자. 앞에서 Tension의 종류는 총 7가지가 있다고 했던 거 기억나지? Tension의 이름 역시 Root로부터 Tension 음까지의 거리에 따라 다음과 같이 7가지로 나눌 수 있어.

도수	단9도	장9도	증9도	완전11도	증11도	단13도	장13도
Tension	♭9	9	♯9	11	♯11	♭13	13

여기서 잠깐! Dm7의 Tension을 구할 때 13 음은 예외적 Avoid라고 했지? 그 이유는 '알아두면 좋아'를 통해 자세히 알려줄게!

· 예외적 Avoid

앞서 배웠던 Chord function에서 IIm7은 Sub-Dominant / V7은 Dominant / IM7은 Tonic의 기능을 한다고 했지. C Major Key에서는 아래 악보처럼 되지.

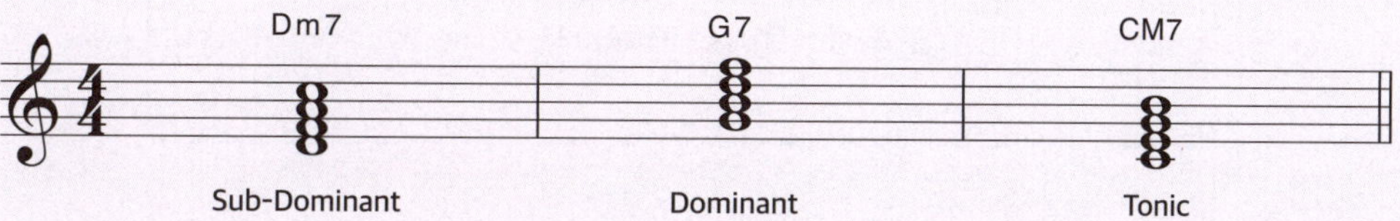

이제 여기서 Guide Tone에 대해 알아야 해. 'Guide'는 말 그대로 '안내하다'라는 뜻으로, 한 코드의 성격을 결정짓는 핵심 음을 Guide Tone이라고 해. 바로 각 코드의 3음과 7음이 그 역할을 해. 이 두 음이 코드의 정체성을 결정하기 때문에 연주할 때 절대 빼놓을 수 없는 중요한 음들이지. 그런데 문제는 여기서 생겨.

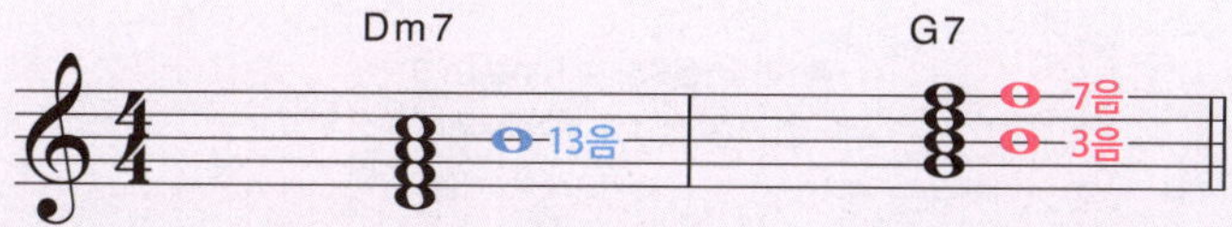

Dm7에서 13th인 '시(B)'를 Tension으로 사용하게 되면, 3음 '파(F)'와 만나서 G7의 Guide Tone과 동일한 조합이 되어버려.

즉, 원래 Sub-Dominant 기능을 해야 할 Dm7이 귀에는 Dominant(G7)처럼 들리게 되는 거지. 그래서 Dm7에서 '시(13th)'는 예외적으로 Tension으로 사용할 수 없는 예외적 Avoid 음이 되는 거야.

이제 본격적으로 C Major Key의 7th Chord를 예시로, 함께 Tension의 이름을 구해보자! 각 Chord의 Root로부터 Tension 음까지의 거리를 계산한 후 앞서 확인했던 표에 대입해 보면, 쉽게 이름을 찾을 수 있어. 겹음정을 구하는 방법은 기억하고 있지? Root 위의 음을 한 옥타브 내린 후 음정 관계를 구한 값에 7을 더하면 돼!

그럼 함께 구해볼까?

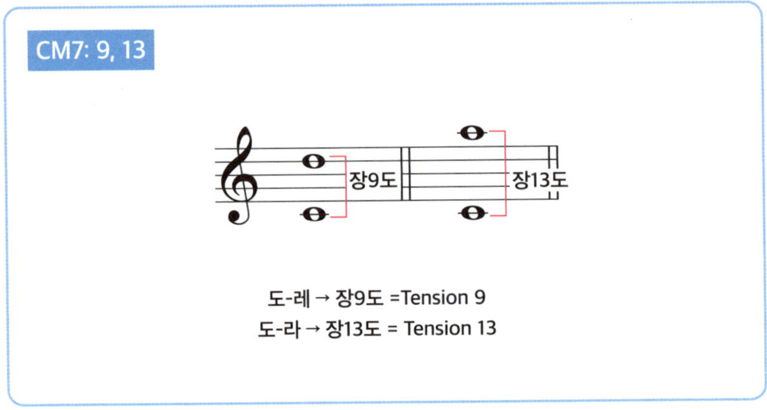

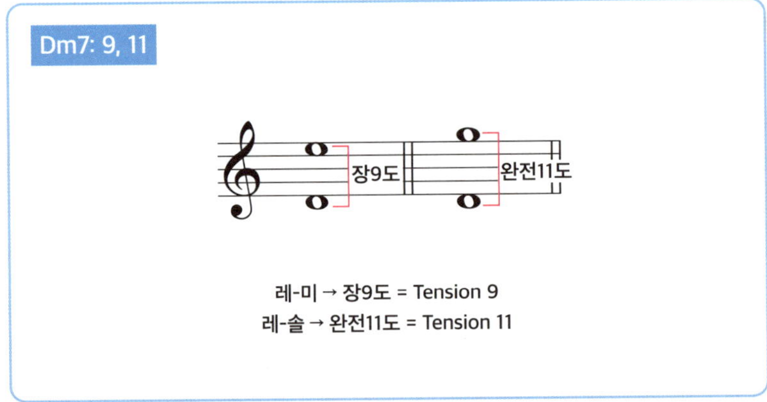

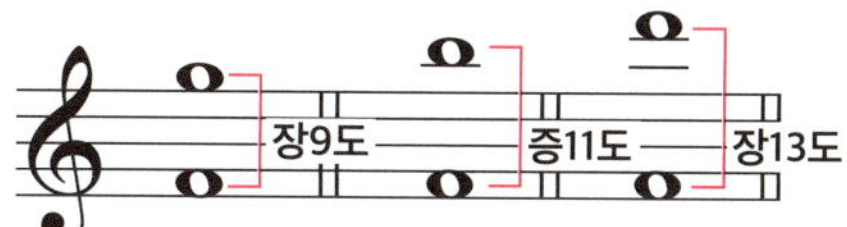

파-솔 → 장9도 = Tension 9
파-시 → 증11도 = Tension ♯11
파-레 → 장13도 = Tension 13

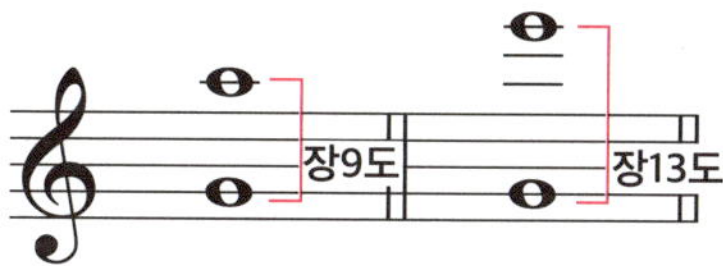

솔-라 → 장9도 = Tension 9
솔-미 → 장13도 = Tension 13

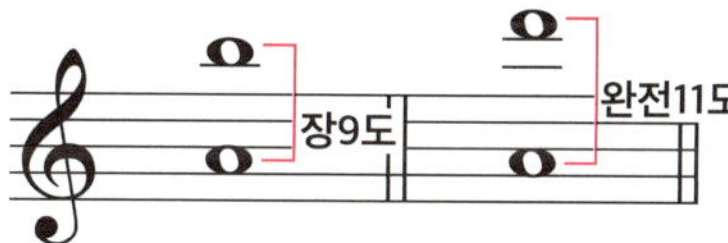

라-시 → 장9도 = Tension 9
라-레 → 완전11도 = Tension 11

시-미 → 완전11도 = Tension 11
시-솔 → 단13도 = Tension ♭13

이번에는 앞에서 배운 C Major Key의 Tension이 다른 Key에서도 동일하게 적용되는지 확인해 볼까? A Major Key로 Tension과 이름을 함께 구해보자! 우선 Scale은 다음과 같이 그릴 수 있겠지?

A Major Key는 '파', '도', '솔'에 ♯이 붙어 있다는 점을 주의해야 해. 그럼 Scale을 기준으로 3도씩 음을 쌓아 A Major Key의 Diatonic Chord(다이아토닉 코드)를 만들어보자.

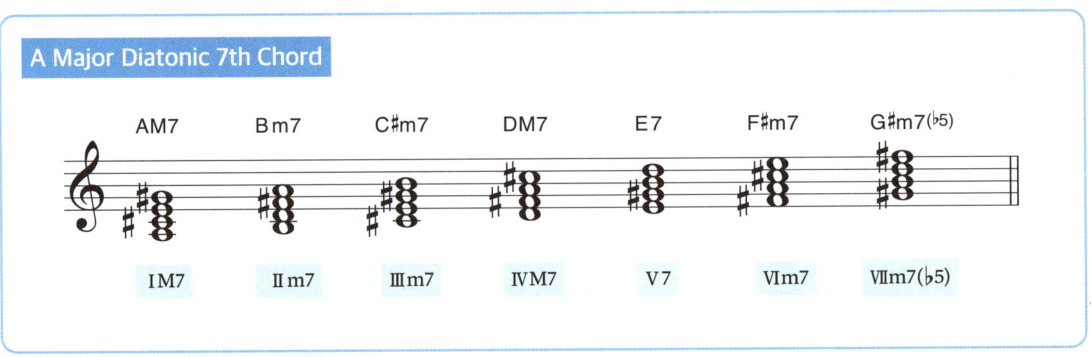

이제 첫 번째 코드인 AM7부터 Tension을 구해볼까? AM7의 코드톤은 '라-도♯-미-솔♯'이고, 여기에 3도씩 3개의 음을 더 쌓으면 '시-레-파♯'이 생기지.

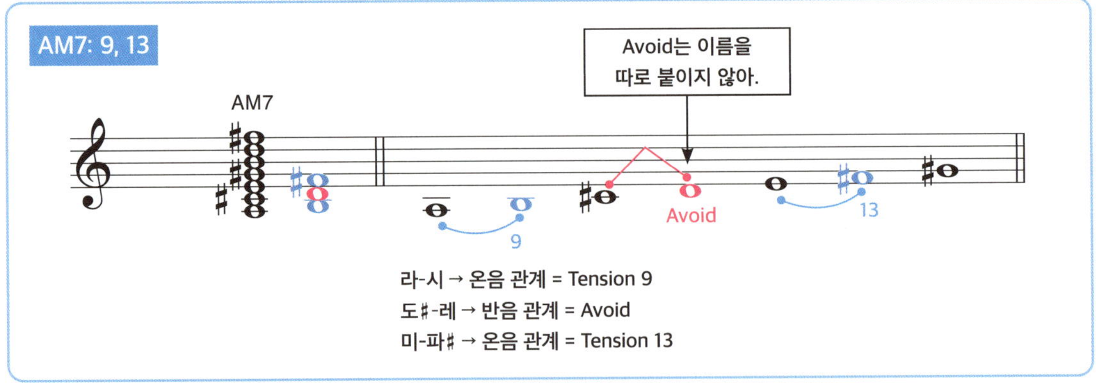

따라서 A Major Key의 1도인 AM7에서는 '시(9th)', '파♯(13th)' 음을 Tension으로 쓸 수 있어.

다음 두 번째 코드인 Bm7을 보자. 코드톤은 '시-레-파#-라'고, 여기에 3도씩 3개의 음을 더 쌓으면 '도#-미-솔#'이 생기지.

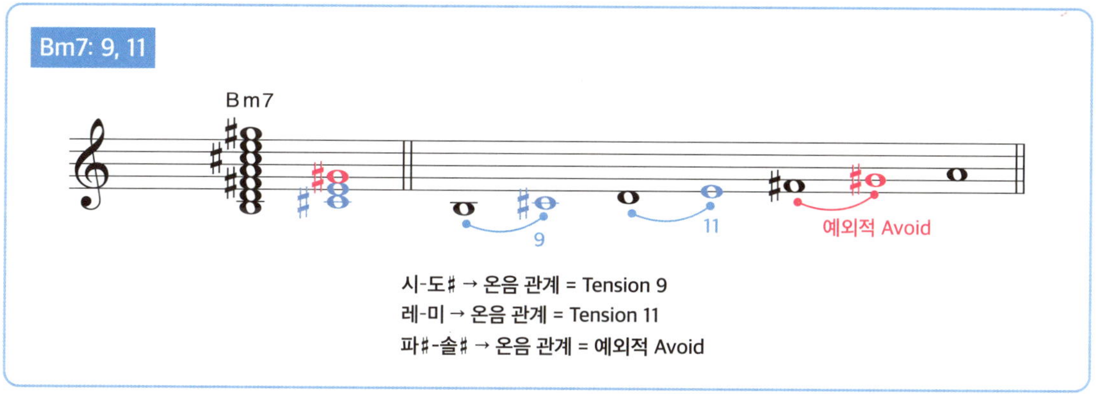

여기서 '파#-솔#' 음도 온음 관계지만, Bm7의 3음인 '레'와 '솔#'이 만나면 Dominant의 Guide Tone과 기능과 비슷해지기 때문에 Bm7의 Sub-Dominant 기능이 흐려져. 그래서 솔#은 예외적으로 Avoid가 되지. 따라서 A Major Key의 2도인 Bm7에서는 '도#(9th)'와 '미(11th)'를 Tension으로 사용할 수 있어.

다음 세 번째 코드인 C#m7을 보자. 코드톤은 '도#-미-솔#-시'고, 여기에 3도씩 3개의 음을 더 쌓으면 '레-파#-라'가 생기지.

따라서 A Major Key의 3도인 C#m7에서는 '파#(11th)' 음만 Tension으로 쓸 수 있어.

이번엔 네 번째 코드인 DM7을 보자. 코드톤은 '레-파#-라-도#'이고, 여기에 3도씩 3개의 음을 더 쌓으면 '미-솔#-시'가 생기지.

따라서 A Major Key의 4도인 DM7에서는 '미(9th)', '솔#(#11th)', '시(13th)' 이렇게 세 개의 음을 모두 Tension으로 쓸 수 있어.

이번엔 다섯 번째 코드인 E7을 보자. 코드톤은 '미-솔#-시-레'고, 여기에 3도씩 3개의 음을 더 쌓으면 '파#-라-도#'이 생기지.

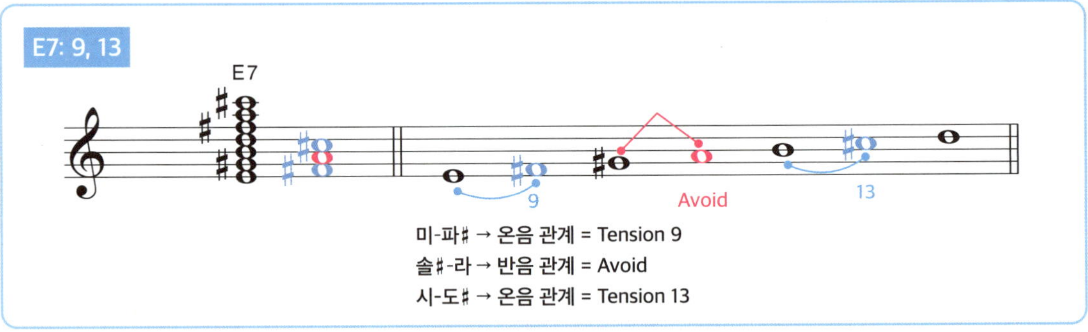

따라서 A Major Key의 5도인 E7에서는 '파#(9th)', '도#(13th)' 음을 Tension으로 쓸 수 있어.

이번엔 여섯 번째 코드인 F#m7을 보자. 코드톤은 '파#-라-도#-미'고, 여기에 3도씩 3개의 음을 더 쌓으면 '솔#-시-레'가 생기지.

따라서 A Major Key의 6도인 F#m7에서는 '솔#(9th)', '시(11th)' 음을 Tension으로 쓸 수 있어.

마지막으로 일곱 번째 코드인 G#m7(♭5)를 보자. 코드톤은 '솔#-시-레-파#'고, 여기에 3도씩 3개의 음을 더 쌓으면 '라-도#-미'가 생기지.

따라서 A Major Key의 7도인 G#m7(♭5)에서는 '도#(11th)', '미(♭13th)' 음을 Tension으로 쓸 수 있어.

Tension은 모든 Key에서 동일하게 접목되니까, 다음 표를 외워두면 좋아!

도수	IM7	IIm7	IIIm7	IVM7	V7	VIm7	VIIm7(♭5)
사용 가능한 Tension	9, 13	9, 11	11	9, #11, 13	9, 13	9, 11	11,♭13

✎ 자, 문제 같이 풀어볼까?

1 F Major Key에서 Am7에 사용할 수 있는 Tension의 이름을 써 보세요.

2 A Major Key에서 Ⅴ7에 사용할 수 있는 음을 써 보세요.

3 E♭ Major Key에서 '9, ♯11, 13'을 Tension으로 쓰는 Chord를 써 보세요.

4 C Major Key에서 FM7에 사용할 수 있는 Tension을 써 보세요.

5 B Major Key에서 Ⅵm7의 Tension을 써 보세요.

6 C Major Key에서 '11,♭13'을 Tension으로 쓰는 Chord를 써 보세요.

7 Gm7의 Tension'11'을 사용하는 Key를 써 보세요.

8 빈 칸을 채워 표를 완성해 보세요.

도수	IM7	IIm7	IIIm7	IVM7	V7	VIm7	VIIm7(♭5)
Tension							

PART 10.

도미넌트 코드의 일탈
'세컨더리 도미넌트'

35강. 세컨더리 도미넌트 (Secondary Dominant)

35강. Secondary Dominant (세컨더리 도미넌트)

같은 조성 안에 있는 코드만으로는 다양한 음악의 느낌을 표현하기에는 한계가 있어. 이때 활용할 수 있는 새로운 코드가 바로 Secondary Dominant(세컨더리 도미넌트)야. 앞서 배운 Dominant Chord 기억나지? 이 코드는 정확하게 말하면 Primary Dominant(프라이머리 도미넌트)야. 아래는 C Major Key에서 만들어지는 Diatonic 7th Chord 들이야.

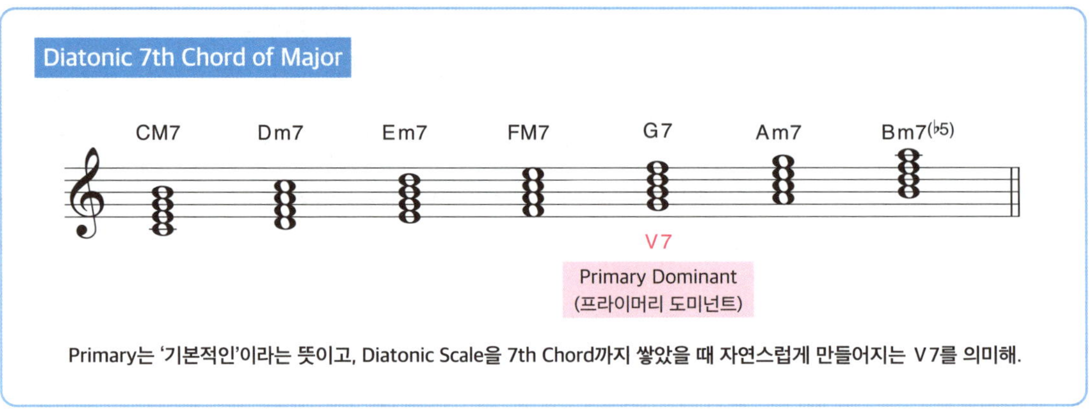

Primary는 '기본적인'이라는 뜻이고, Diatonic Scale을 7th Chord까지 쌓았을 때 자연스럽게 만들어지는 V7를 의미해.

이제 Secondary Dominant를 알아보자. Secondary는 '제2의', '보조적인'이라는 뜻이야. 즉, 기본 도미넌트(V7) 외에 다른 Diatonic Chord 앞에 임시로 붙는 도미넌트 코드를 말해. 도미넌트는 원래 토닉으로 강하게 향하려는 성질이 있는데, 이 성질을 이용해서 잠시 새로운 토닉을 설정하고 그 앞에 도미넌트 코드를 두는 것이 Secondary Dominant의 원리야. 따라서 어떤 Diatonic Chord를 잠시 새로운 I로 바라보고, 그 앞에 도미넌트 역할의 코드를 두는 방식으로 사용되지.

Diatonic 7th Chord (C Major)				
Dm7 (IIm7)	Em7 (IIIm7)	FM7 (IVM7)	G7 (V7)	Am7 (VIm7)

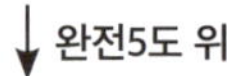 완전5도 위

Secondary Dominant				
A7 (V7/II)	B7 (V7/III)	C7 (V7/IV)	D7 (V7/V)	E7 (V7/VI)

위 표를 보면 알 수 있듯이 Diatonic Chord 중에 2도, 3도, 4도, 5도, 6도에서 완전5도 위의 7 Chord가 바로 Secondary Dominant인 거야! 표기는 V7/II, V7/III, V7/IV, V7/V, V7/VI 와 같이 분석 기호로 나타낼 수 있어.

여기서 궁금할 수 있어. "그럼 VII도는 왜 없나요?" VII도 Chord는 구조적으로 불안정해서 그 앞에 Dominant 7을 두어도 해결감이 잘 느껴지지 않기 때문에 Secondary Dominant로 사용되지 않아. 그럼 본격적으로 Secondary Dominant를 구해볼까?

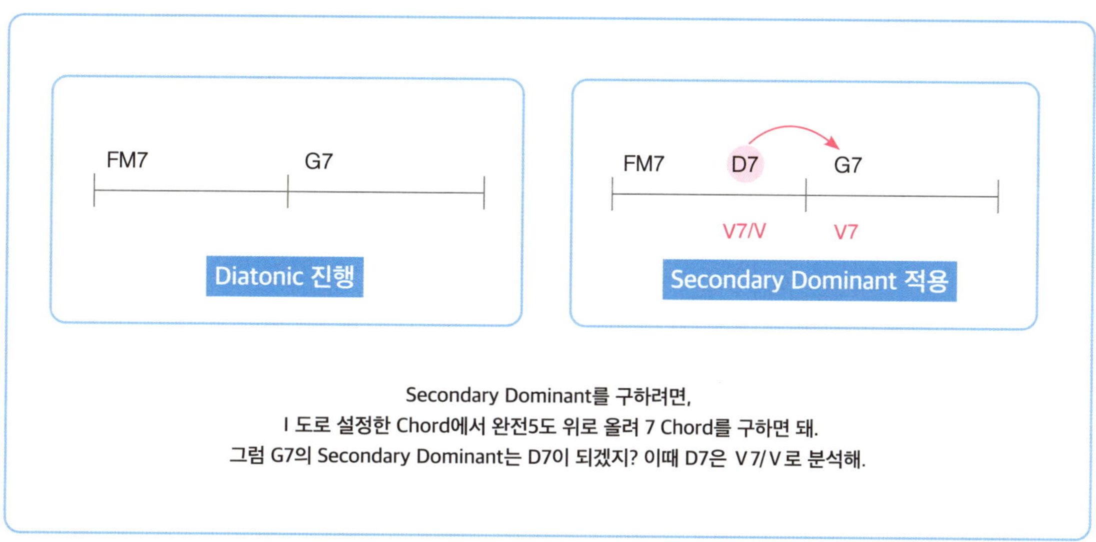

이제 Major Key에서 가장 기본적으로 사용하는 Secondary Dominant들을 같이 살펴보자.

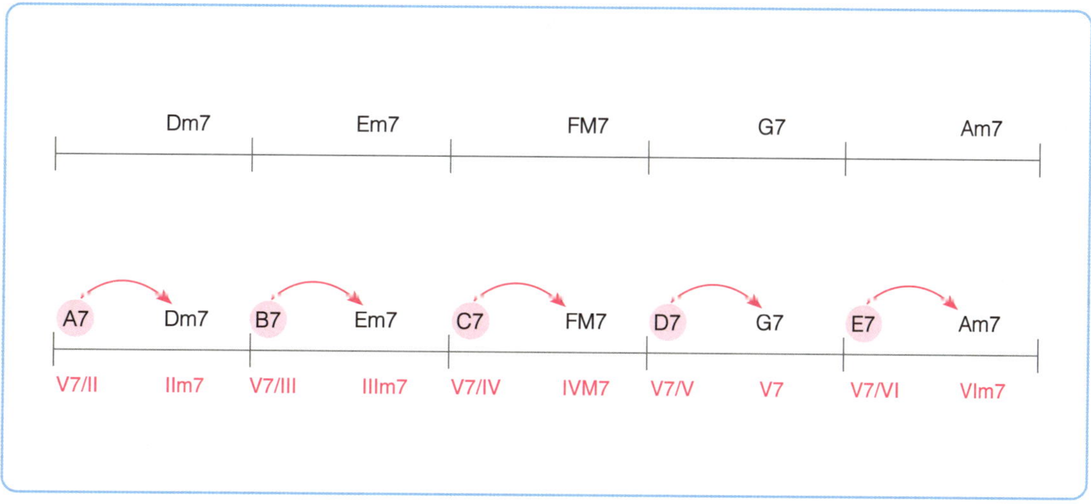

Secondary Dominant는 각 Diatonic Chord 앞에 해당 코드를 목표로 하는 도미넌트(V7)를 배치해서 만들어. 따라서 어떤 코드가 타겟이 되느냐에 따라 A7(V7/II), B7(V7/III), C7(V7/IV), D7(V7/V), E7(V7/VI)와 같이 해당하는 Secondary Dominant가 결정되는거야!

이제 실제로 Secondary Dominant를 적용하면 어떤 차이가 나는지 예시 곡을 통해 확인해 보자. QR 코드로 두 버전을 꼭 비교해 봐!

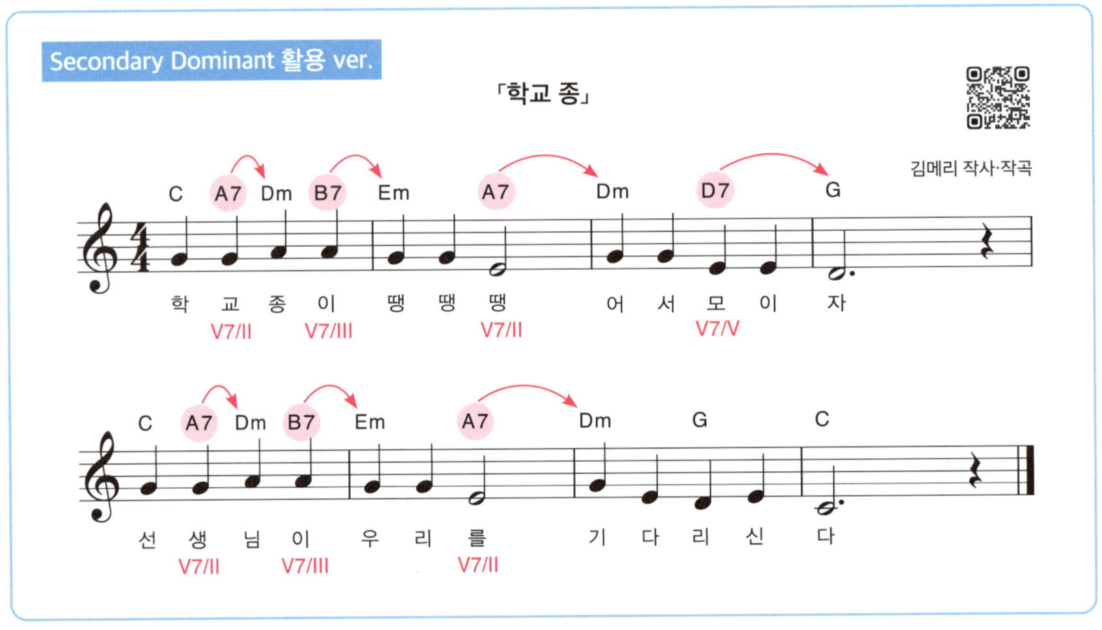

이번에는 Secondary Dominant를 활용한 다양한 코드 진행을 살펴보자! 각 진행의 실제 사운드는 QR 코드를 통해 확인할 수 있어.

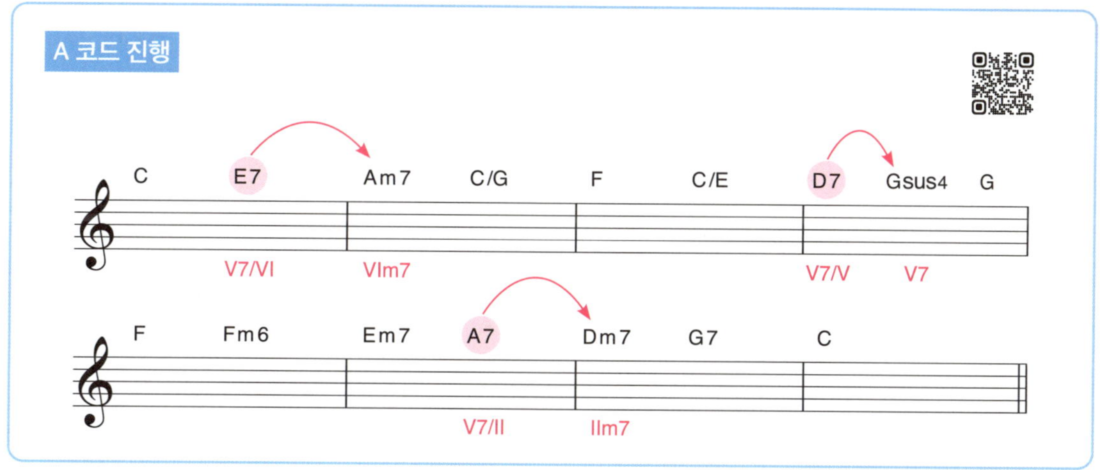

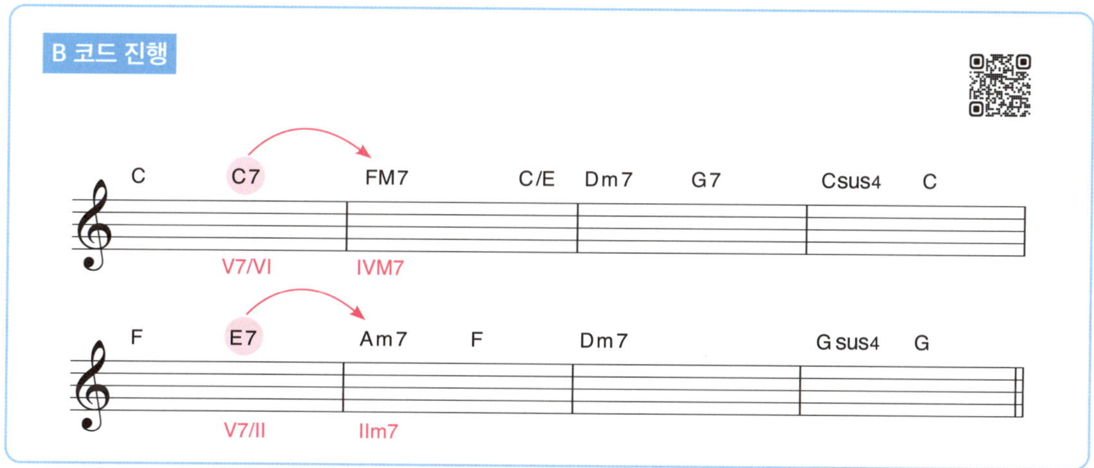

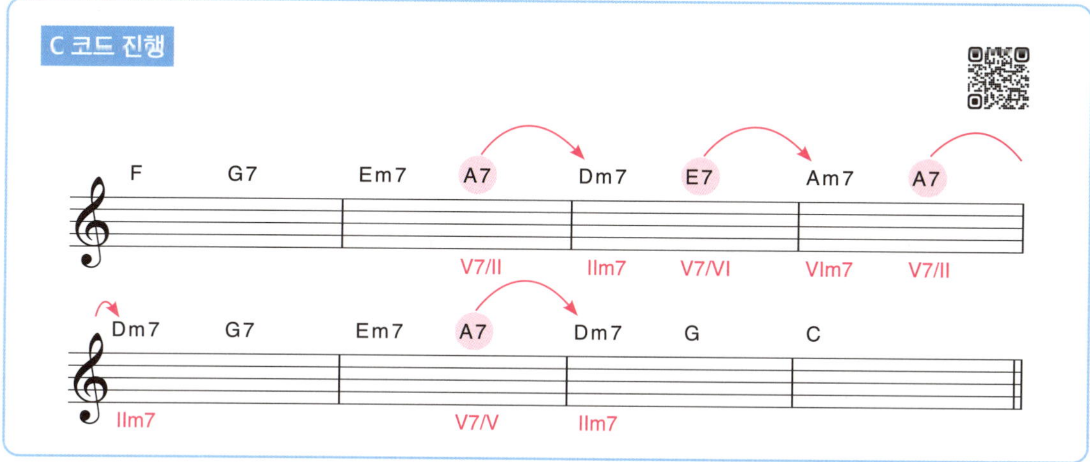

이렇게 Secondary Dominant의 원리를 알면 진행을 훨씬 다채롭고 풍부하게 활용할 수 있어. 원리만 파악하면 어떤 Key에서 도 바로 적용할 수 있으니까 꼭 익혀둬!

✏️ 자, 문제 같이 풀어볼까?

1 빈 칸을 채워 표를 완성해 보세요.

G Major의 Diatonic 7th Chord				
II m7				VIm7
	Bm7			

↓ 완전5도 위

Secondary Dominant			
			V 7/ VI
	G7		

2 빈 칸을 채워 보세요.

Major Key	V7/II	II m7	V7/III	IIIm7	V7/IV	IVM7	V7/V	V7	V7/VI	VIm7
B♭		Cm7	A7			E♭M7		F7		Gm7
E♭	C7			Gm7	E♭7			B♭7	G7	
D♭		E♭m7		Fm7		G♭M7		A♭7		B♭m7
E	C#7			G#m7		AM7		B7	G#7	
A		Bm7	G#7			DM7	B7			F#m7
D		Em7		F#m7		GM7		A7		Bm7

3 빈 칸에 코드를 넣어 Secondary Dominant 코드진행을 완성해 보세요.

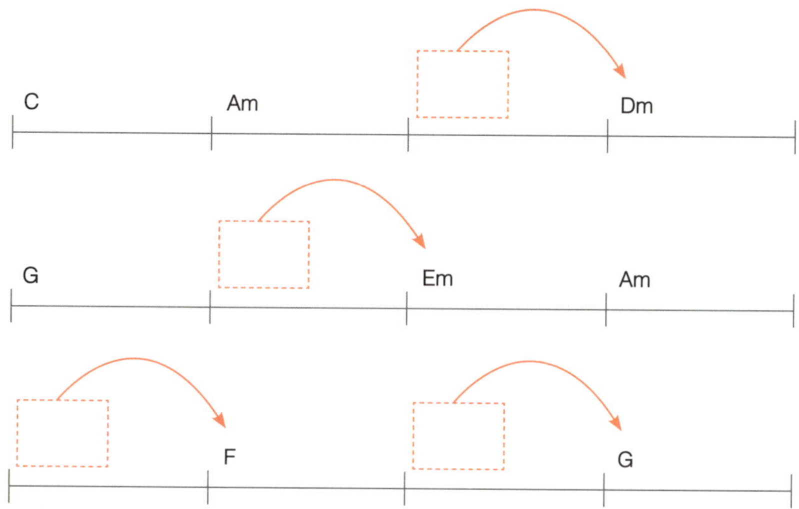

4 코드 진행을 분석하고, Secondary Dominant로 해결된 코드 진행에 ⌒➘ 를 그려 보세요.

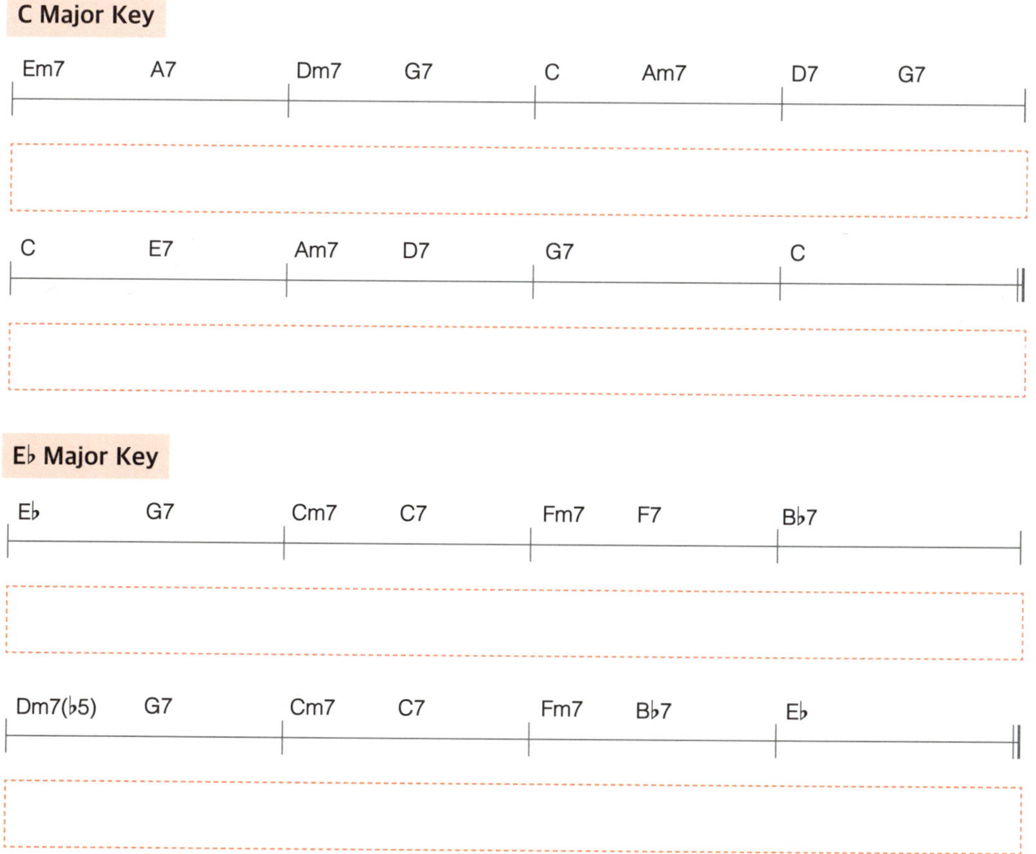

PART 11.

스케일의 7가지 변신 : 모드 스케일

36강. Mode Scale (모드 스케일)

36강. Mode Scale (모드 스케일)

앞에서 배웠던 Major Sclae(장음계)의 구성음을 이용해 만든 새로운 스케일을 Mode Scale(모드 스케일)이라 불러.
Mode Scale은 Major Scale과 같은 구성음을 사용하지만, 시작음을 다르게 설정하여 색다른 분위기를 만들어내지.
그럼 C Major Scale을 예로 들어서 자세히 알아볼까?

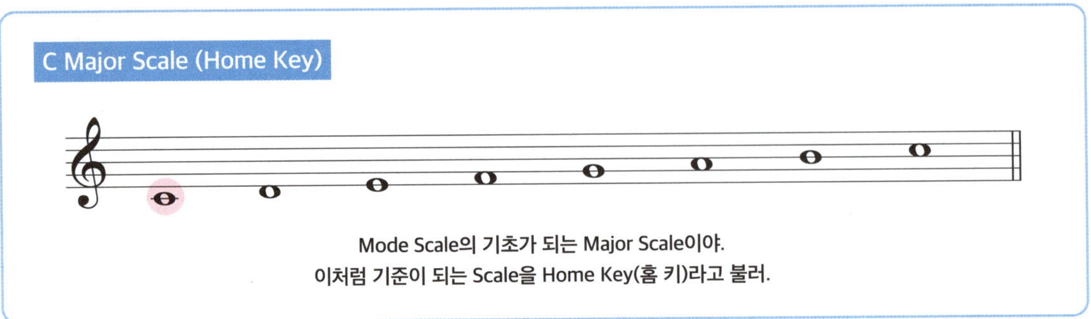

Mode Scale의 기초가 되는 Major Scale이야.
이처럼 기준이 되는 Scale을 Home Key(홈 키)라고 불러.

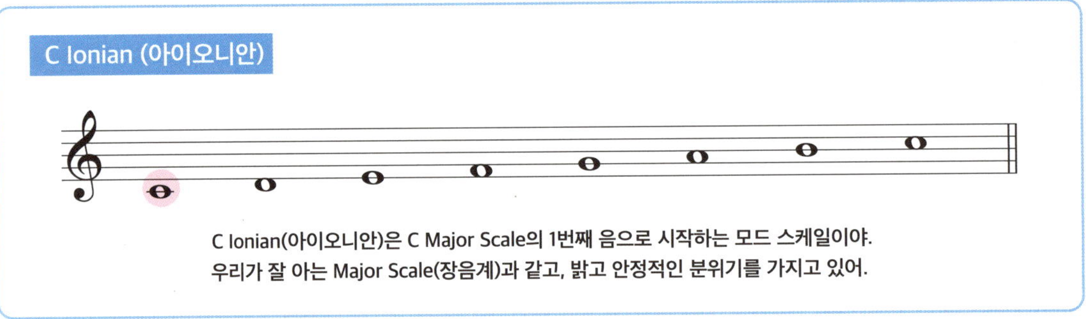

C Ionian(아이오니안)은 C Major Scale의 1번째 음으로 시작하는 모드 스케일이야.
우리가 잘 아는 Major Scale(장음계)과 같고, 밝고 안정적인 분위기를 가지고 있어.

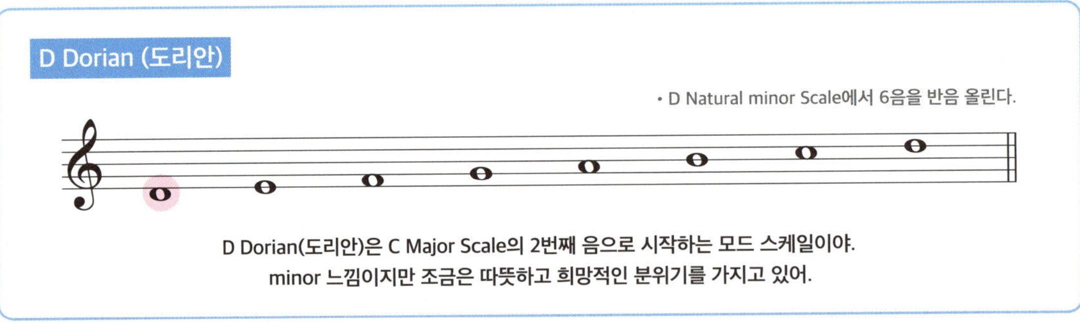

D Dorian(도리안)은 C Major Scale의 2번째 음으로 시작하는 모드 스케일이야.
minor 느낌이지만 조금은 따뜻하고 희망적인 분위기를 가지고 있어.

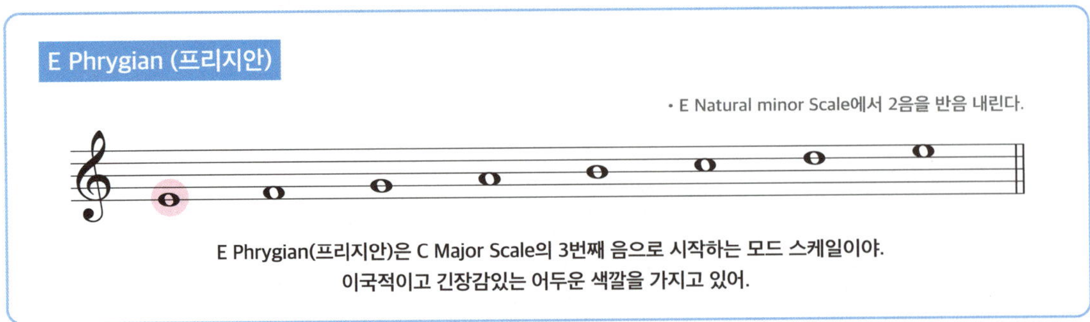

E Phrygian(프리지안)은 C Major Scale의 3번째 음으로 시작하는 모드 스케일이야.
이국적이고 긴장감있는 어두운 색깔을 가지고 있어.

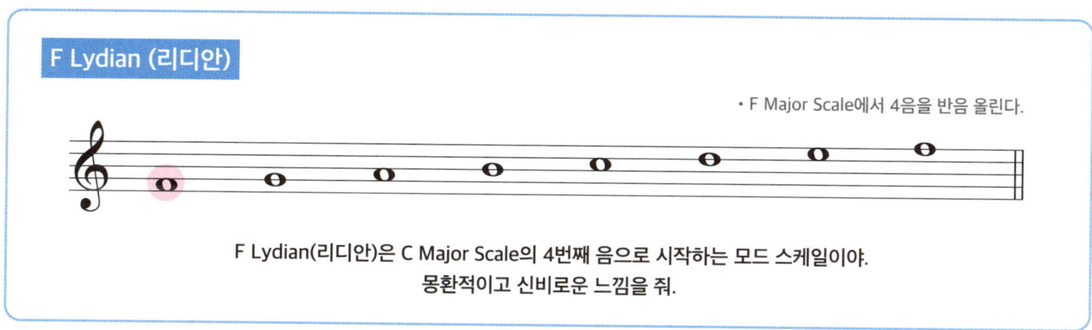

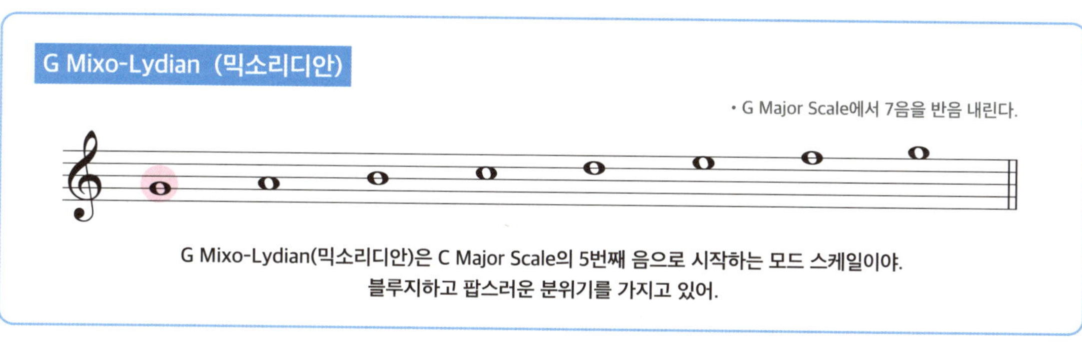

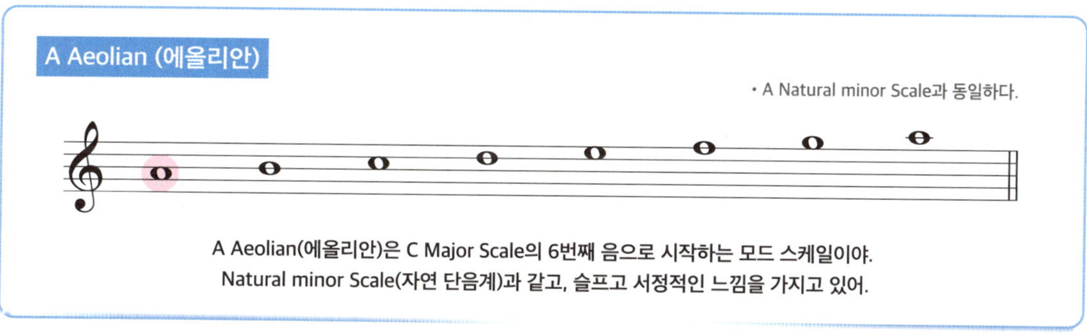

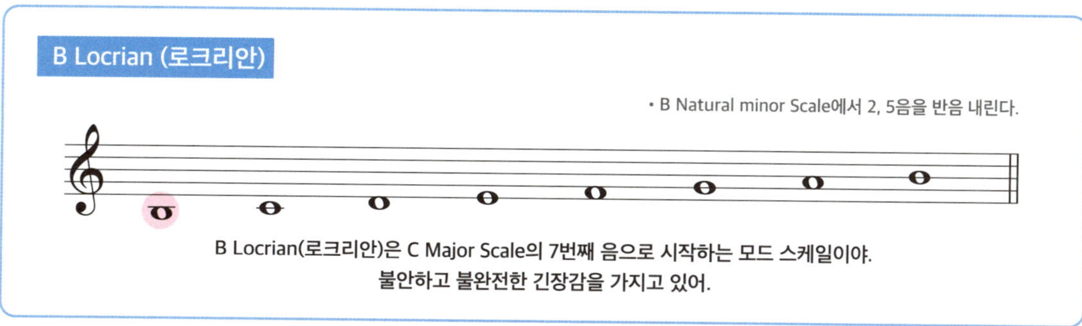

모드 스케일을 구하는 원리는 생각보다 단순해. 출발음이 Home Key 안에서 몇 번째 음인지만 알면 그에 따른 모드의 종류도 함께 알 수 있어. 즉, '어떤 음에서 시작하느냐'와 '어떤 Home Key를 기준으로 하느냐'만 알면 쉽게 모드 스케일을 구할 수 있는 거지!

우리가 지금까지 살펴본 7가지의 모드 스케일은 모두 C Major Scale 하나에서 파생된 Scale이야. 그럼 이제 다른 Home Key의 모드 스케일을 구해볼까? G Dorian Scale을 예로 들어서 차근차근 함께 살펴보자!

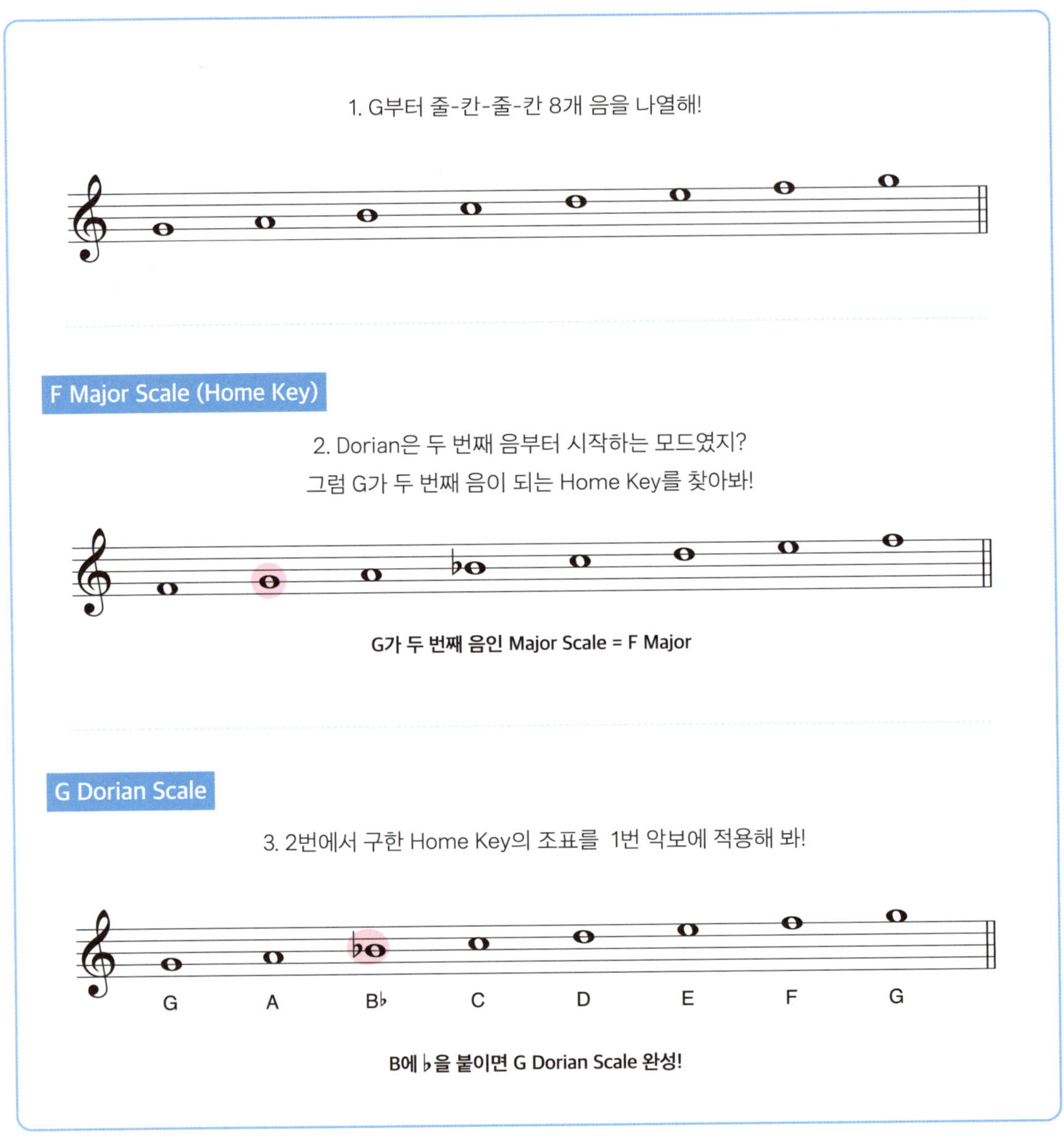

모드 스케일을 구하는 방법을 정리하면 다음과 같아.

1. 출발음부터 줄-칸-줄-칸 8개 음을 나열한다.

2. 그 음이 몇 번째 모드인지 확인한다.

3. 그 순서에서 해당되는 Home Key를 찾는다.

4. Home Key의 조표를 출발음 위에 적용한다.

앞에서는 Home key를 기준으로 모드 스케일을 만들어보는 방법을 배웠지? 이번에는 반대로 주어진 스케일이 어떤 모드의 스케일인지 찾아보는 방법을 연습해 볼 거야. 방법은 아주 간단해. 그럼 같이 찾아볼까?

조표만 보고 모드를 찾는 방법을 정리하면 다음과 같아. 이제 Mode를 만드는 과정과 찾는 과정 모두 알게 되었으니까, 앞으로 어떤 곡이든 모드를 더 쉽게 분석할 수 있을 거야!

1. 조표를 보고 Home Key를 찾는다.

2. 시작음이 Home Key의 몇 번째 음인지 확인한다.

3. 음의 순서와 동일한 Mode를 찾으면 끝!

(ex: 두 번째 음이면 Dorian, 다섯 번째 음이면 Mixo-Lydian … 등)

✏️ 자, 문제 같이 풀어볼까?

1 오선에 알맞은 스케일을 그려 보세요.

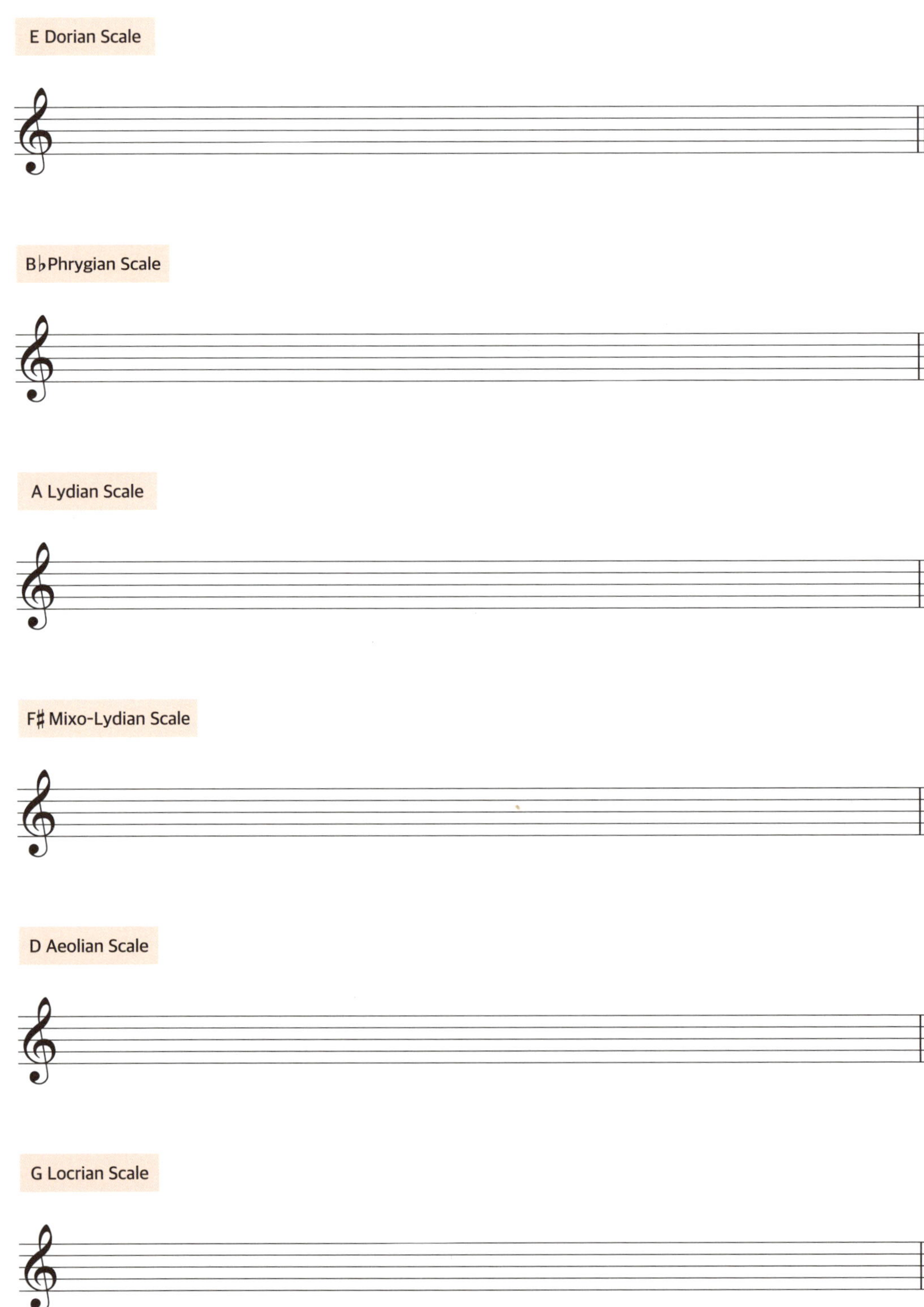

2 빈 칸에 주어진 스케일의 이름을 써 보세요.

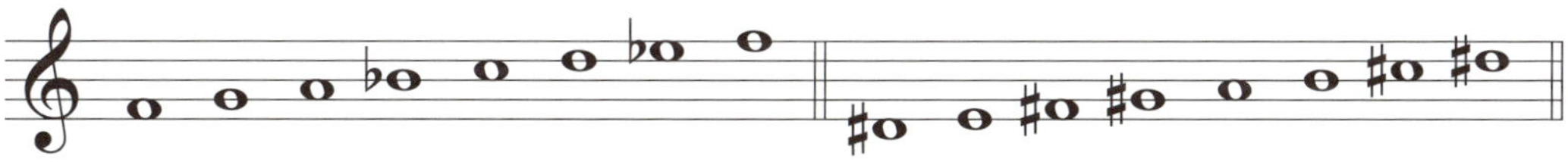

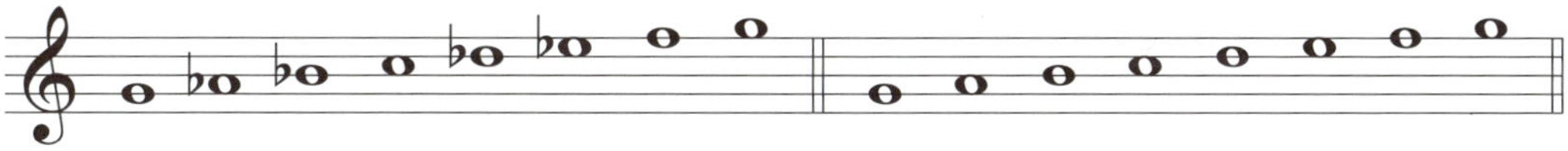

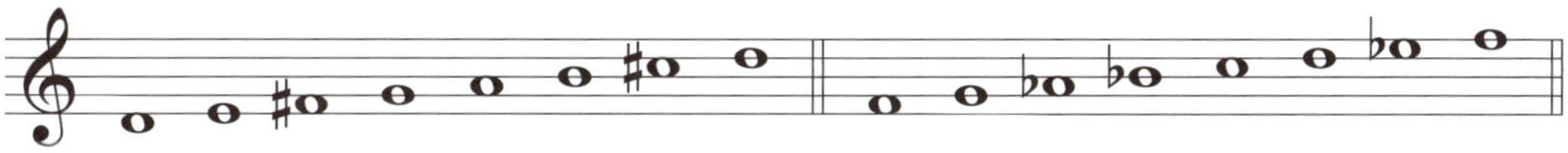

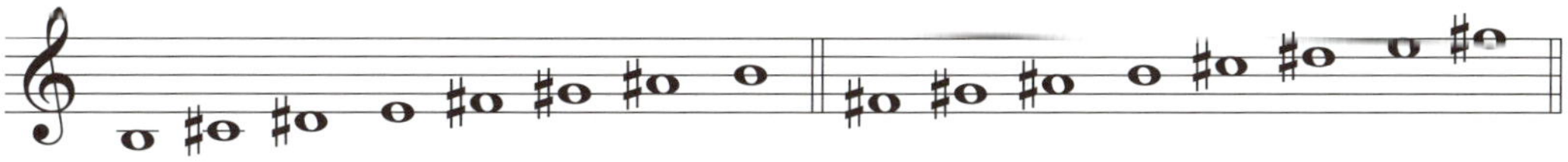

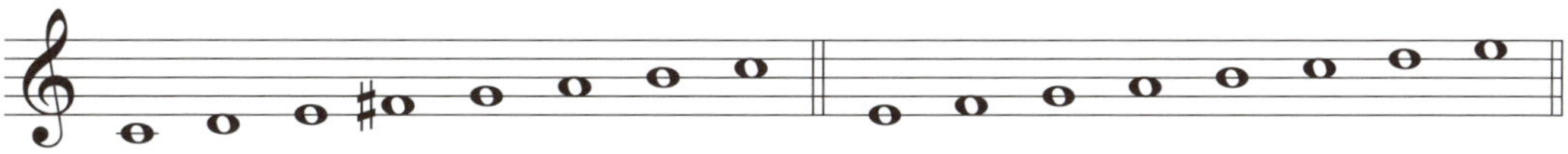

PART 12.

색다른 매력을 지닌 스케일 모음

37강. Major Pentatonic Scale (메이저 펜타토닉 스케일)

Pentatonic Scale(펜타토닉 스케일)은 총 5개 음으로 이루어진 5음 음계를 뜻해. 크게 Major Pentatonic(메이저 펜타토닉), minor Pentatonic(마이너 펜타토닉) 두 가지로 나눌 수 있어. 그 중 Major Pentatonic Scale은 Major Scale(장음계)에서 4음과 7음을 제외한 1-2-3-5-6-8 음으로 이뤄져 있는 Scale이야.

여기서 잠깐! 왜 4음과 7음을 뺄까? 이 두 음은 다소 불안정한 음정을 만들어내서, 그대로 사용하면 Major Scale 특유의 밝고 안정적인 느낌이 흐려지기 때문이야. 따라서 4음과 7음을 제외함으로써 구조는 단순해지되, Major Scale의 느낌은 그대로 유지할 수 있게 되지.

Major Pentatonic Scale을 만드는 방법은 다음과 같아. 그럼 이제 함께 만들어볼까?

> 1. Major Scale을 그린다.
>
> 2. 4음과 7음을 제외한다.
>
> 3. 남은 음(1-2-3-5-6-8)으로 Scale을 완성한다.

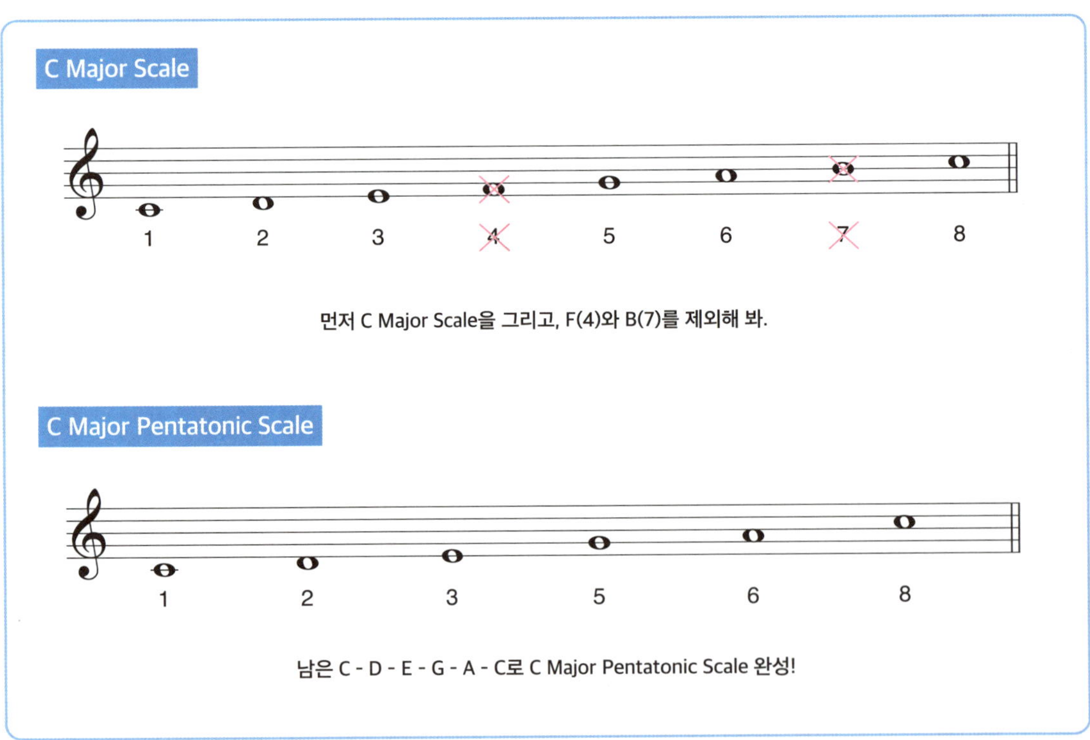

이번에는 G Major Pentatonic Scale로 한 번 더 만들어보자!

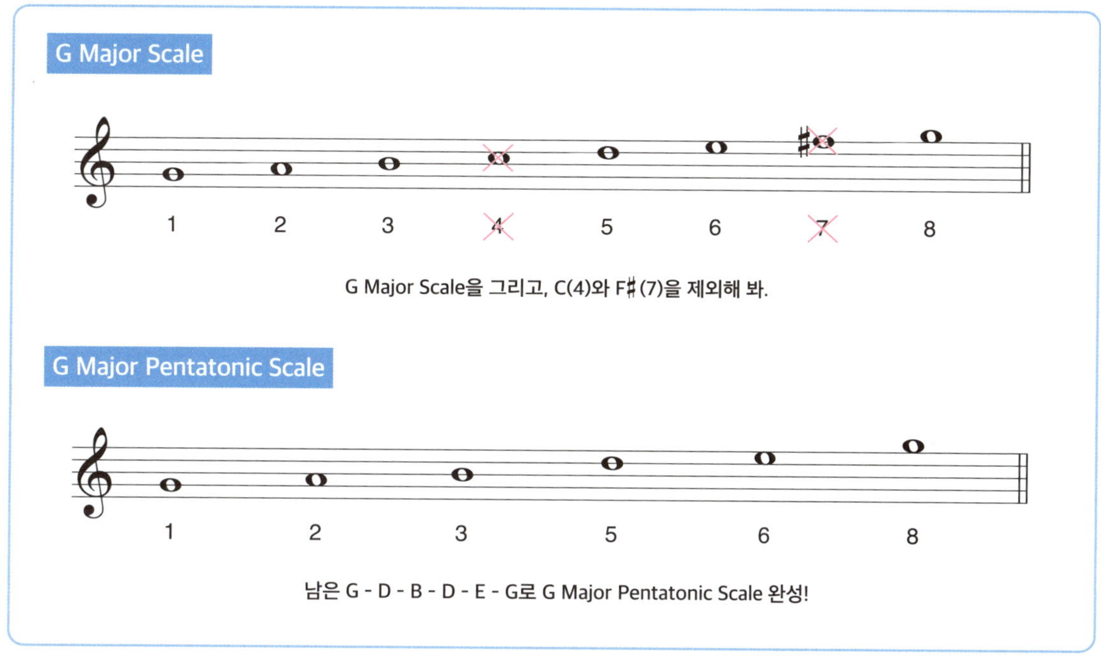

'경기 아리랑'을 들어보면, Pentatonic Scale은 이미 우리에게 익숙한 멜로디라는 걸 알 수 있을 거야. 그럼 같이 들어볼까?

38강. minor Pentatonic Scale (마이너 펜타토닉 스케일)

이번에는 앞에서 배운 Major Pentatonic과 짝꿍처럼 함께 쓰이는 minor Pentatonic Scale(마이너 펜타토닉 스케일)을 알아보자.

minor Pentatonic Scale은 Natural minor Scale(자연단음계)을 기반으로, 2음과 6음을 제외한 다섯 개의 음으로 이루어진 Scale이야. 2, 6음을 제외함으로써 구조는 더욱 단순해지되, 자연단음계 특유의 어둡고 세련된 느낌은 그대로 유지할 수 있게 되지.

minor Pentatonic Scale을 만드는 방법은 다음과 같아. 그럼 이제 함께 만들어볼까?

1. 해당 Major Scale을 그린다.

2. 2음과 6음을 제외한다.

3. 3음과 7음을 반음 내려 Scale을 완성한다.

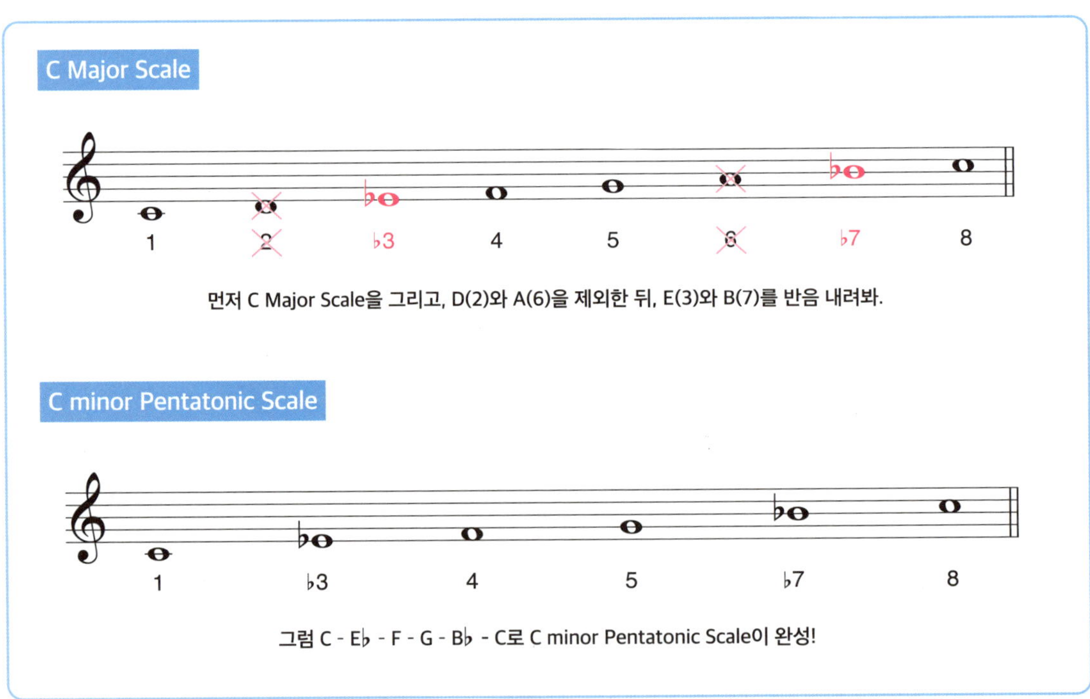

이번에는 G minor Pentatonic Scale로 한 번 더 만들어보자!

G Major Scale

G Major Scale을 그리고, A(2)와 E(6)을 제외한 뒤, B(3)와 F♯(7)을 반음 내려봐.

G minor Pentatonic Scale

그럼 G - B♭ -C - D - F - G로 G minor Pentatonic Scale 완성!

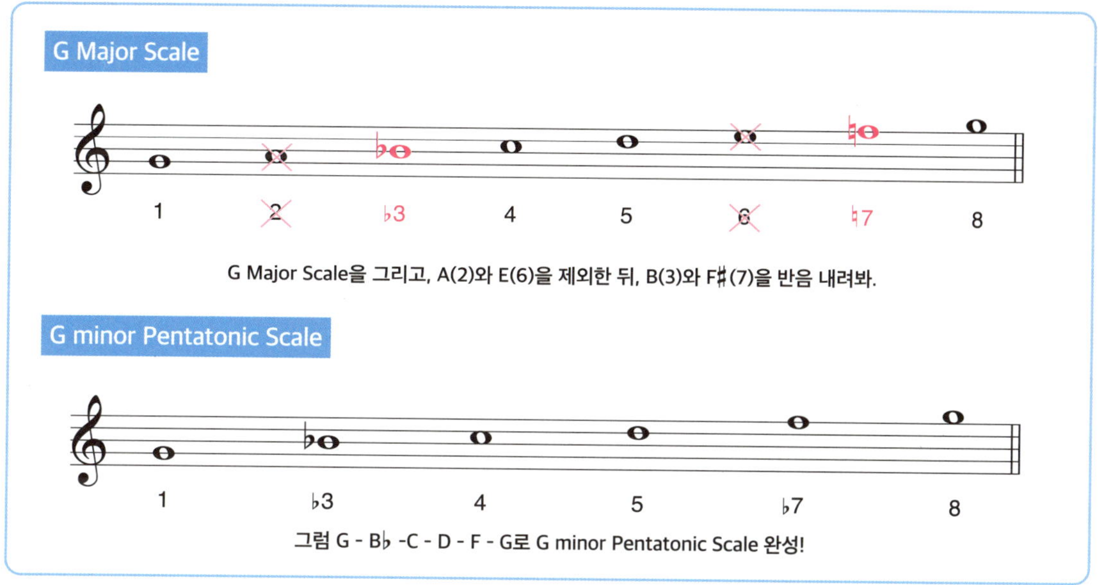

Duffy의 'Mercy'라는 곡도 G Minor Pentatonic Scale을 기반으로 만든 대표적인 예시야. 곡 전체에 G Minor Pentatonic의 3음과 7음이 반복적으로 등장하면서 특유의 리듬감 있는 보컬 라인이 완성 되지. 그럼 한번 같이 들어 볼까?

「Mercy」

Stephen Booker 외 1명 작사·작곡

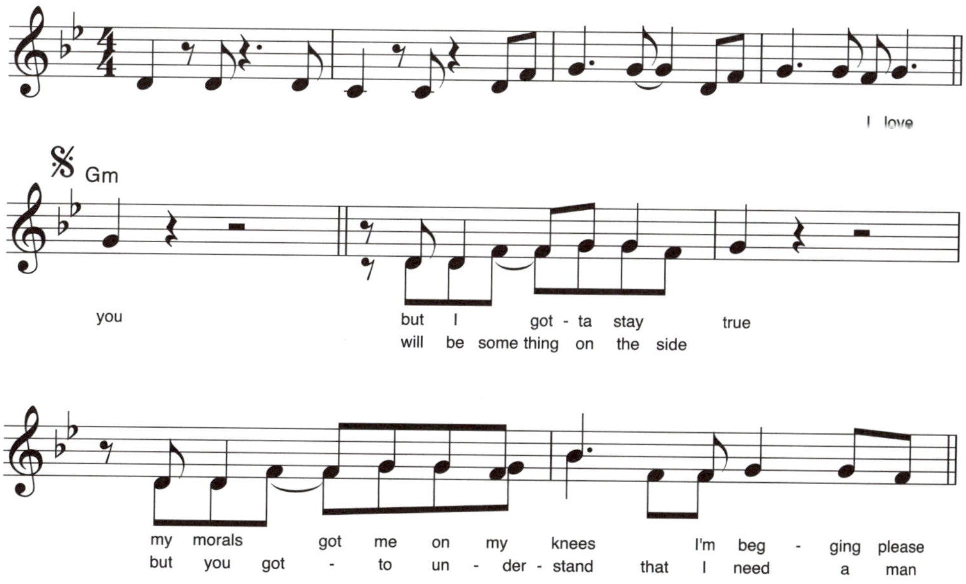

39강. Blues Scale (블루스 스케일)

앞에서 Major·Minor Pentatonic Scale(5음 음계)을 배웠지?
이번에는 거기서 한 음을 더 추가한 Blues Scale(블루스 스케일)을 배워볼 거야. Blues Scale은 minor Pentatonic Scale(마이너 펜타토닉 스케일)에 ♯4(=♭5)음을 추가해서 만든 스케일이야. 총 6개의 음으로 구성되어 있고,
이 ♯4(=♭5)음 때문에 특유의 'Bluesy'한 사운드가 만들어지지.

Blues Scale을 만드는 방법은 다음과 같아. 그럼 이제 함께 만들어볼까?

> 1. 먼저 minor Pentatonic Scale(마이너 펜타토닉 스케일)을 만든다.
>
> 2. 그다음 4음과 5음 사이에 ♯4(=♭5)을 추가하여 Scale을 완성한다.

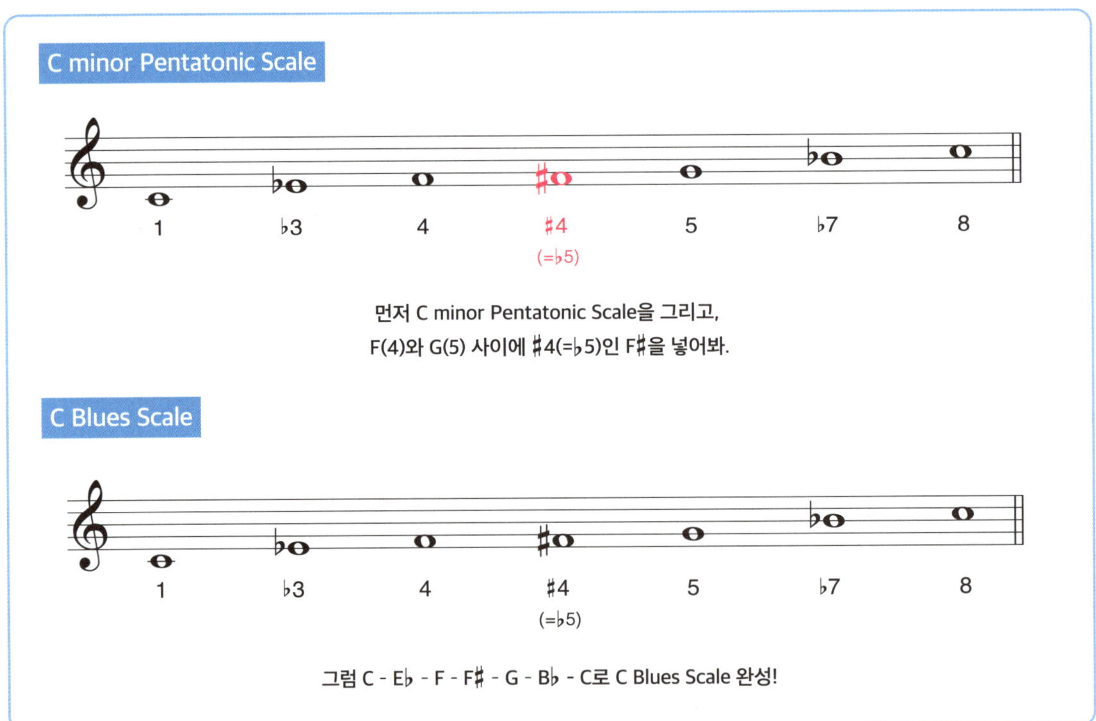

먼저 C minor Pentatonic Scale을 그리고,
F(4)와 G(5) 사이에 ♯4(=♭5)인 F♯을 넣어봐.

그럼 C - E♭ - F - F♯ - G - B♭ - C로 C Blues Scale 완성!

알아두면 좋아! OKAY~?

Blues Scale에서 ♯4(=♭5)와 ♭3, ♭7을 Blue Note라고 불러! 이 음들이 들어가면 멜로디가 멜로디에 특유의 '블루지(Bluesy)'한 느낌이 생기게 돼. 특히 ♯4(=♭5) 음이 가장 블루지한 느낌을 줘.

이번에는 G Blues Scale로 한 번 더 만들어보자!

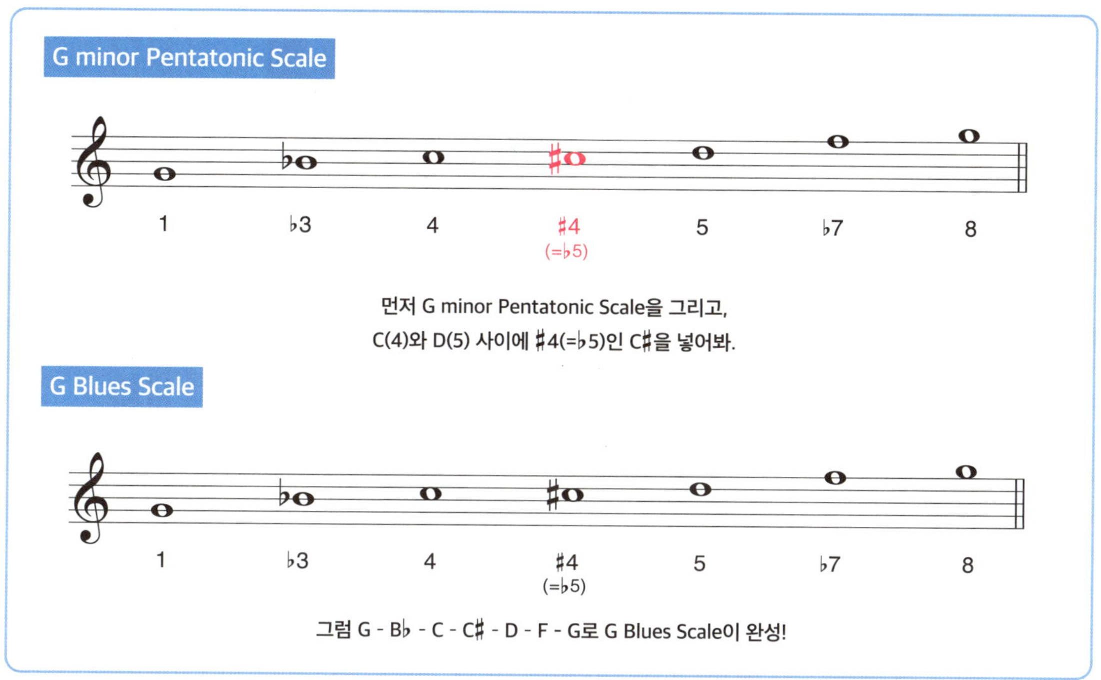

Blues Scale(블루스 스케일)은 실제 곡에서도 자주 사용돼! 김건모의 '서울의 달' 알지? 여기서 '텅 빈 가슴 안고 사는 구나~' 구간은 Blues Scale 음으로 이루어져 있는 대표적인 멜로디야. 그럼 같이 들어볼까?

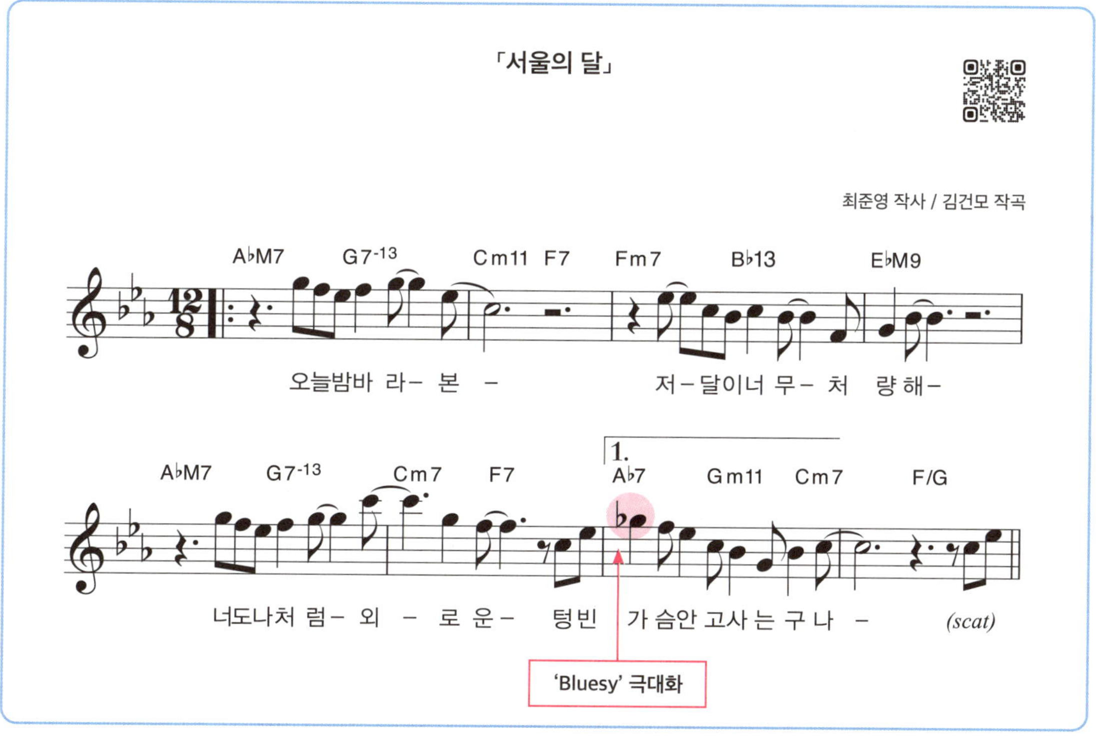

40강. Whole-Tone Scale (온음계)

오늘은 Whole-Tone Scale(온음계)에 대해 배워볼 거야.

Whole-Tone Scale은 말 그대로 모든 음 사이가 온음 간격으로만 연결된 Scale을 말해. 즉, 어느 방향으로 이동해도 음의 간격이 온음으로만 이루어져 있는 Scale이지. Whole-Tone Scale을 만드는 방법은 아주 간단해. 기준음에서 출발해 한 옥타브 위까지 온음 간격으로 이동하면 돼.

Whole-Tone Scale을 만드는 방법은 다음과 같아. 그럼 이제 함께 만들어볼까?

1. 기준음(=출발음)을 정한다.

2. 기준음에서 한 옥타브 위의 음까지 온음 간격으로 상행한다.

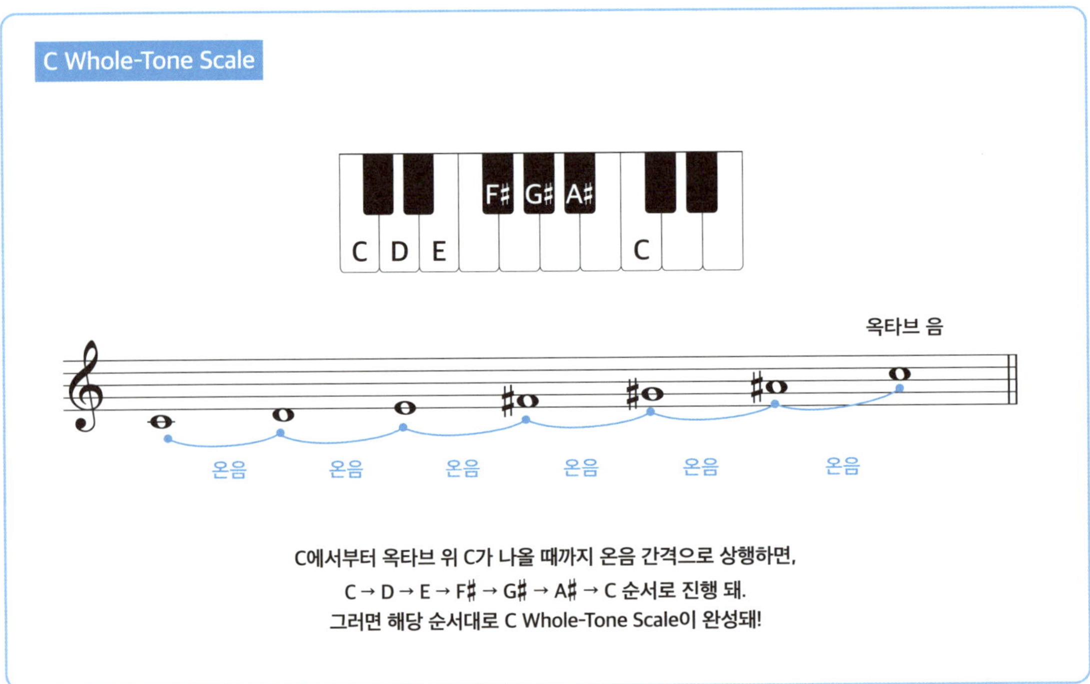

C에서부터 옥타브 위 C가 나올 때까지 온음 간격으로 상행하면,
C → D → E → F♯ → G♯ → A♯ → C 순서로 진행 돼.
그러면 해당 순서대로 C Whole-Tone Scale이 완성돼!

이번에는 E♭으로 한번 더 구해보자!

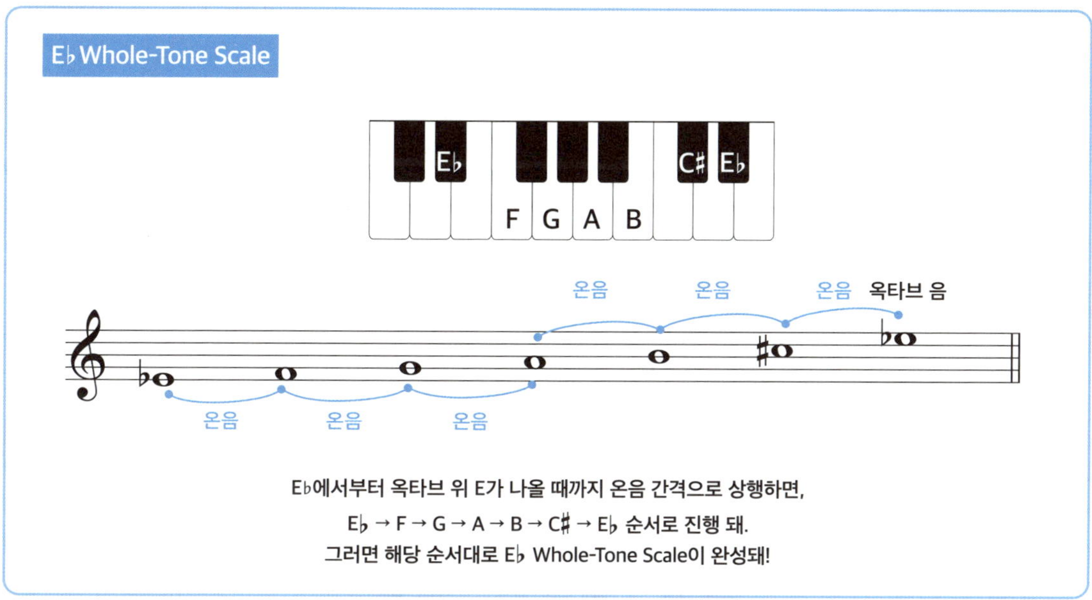

E♭에서부터 옥타브 위 E가 나올 때까지 온음 간격으로 상행하면,
E♭ → F → G → A → B → C♯ → E♭ 순서로 진행 돼.
그러면 해당 순서대로 E♭ Whole-Tone Scale이 완성돼!

알아두면 좋아! OKAY~?

Whole-Tone Scale(온음계)은 각 음정 간격이 온음으로 모두 똑같기 때문에 어디에서 출발하든 결국 동일한 여섯 개의 음들로 순환해. 그래서 Whole-Tone Scale은 단 두 그룹만 존재해!

① C Whole-Tone Scale 그룹 [C · D · E · F♯ · G♯ · A♯ · C]

C Whole-Tone Scale의 구성음인 D · E · F♯ · G♯ · A♯ 중 어디에서 출발해도 온음 간격만 유지하면 결국 똑같은 여섯 개의 음으로 이어지기 때문에 전부 C Whole-Tone 그룹에 속하게 돼.

② C♯ Whole-Tone Scale 그룹 [C♯ · D♯ · F · G · A · B · C♯]

마찬가지로 D♯ · F · G · A · B중 어디에서 시작해도 온음 간격으로 진행하면 항상 같은 여섯 음이 나오기 때문에 이 음들은 전부 C♯ Whole-Tone Scale 그룹에 속하게 되지.

41강. Chromatic Scale (반음계)

이번에는 Chromatic Scale(반음계)에 대해 배워볼 거야.

반음계는 말 그대로 모든 음이 반음 간격으로 이어진 스케일을 뜻해. 계단을 한 칸씩 올라가듯 반 음씩 이동하는 구조라서, 기존의 장조·단조 스케일과는 전혀 다른 독특하고 긴장감 있는 색채를 만들지.

Chromatic Scale을 만드는 방법은 다음과 같아. 그럼 이제 함께 만들어볼까?

> 1. 기준음(=출발음)을 정한다.
>
> 2. 기준음에서 한 옥타브 위의 음까지 반음 간격으로 상행한다.

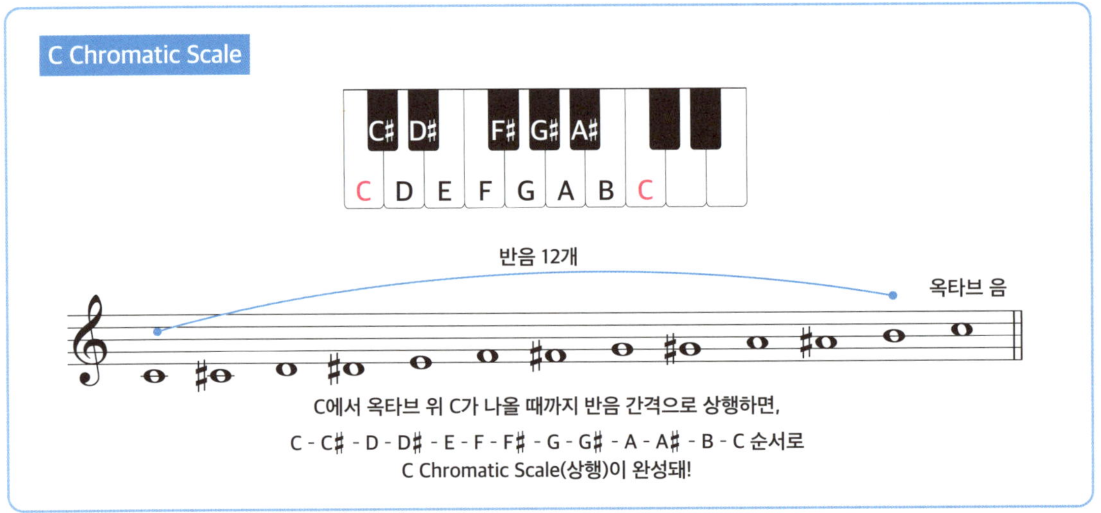

이번에는 E Chromatic Scale로 한 번 더 만들어보자!

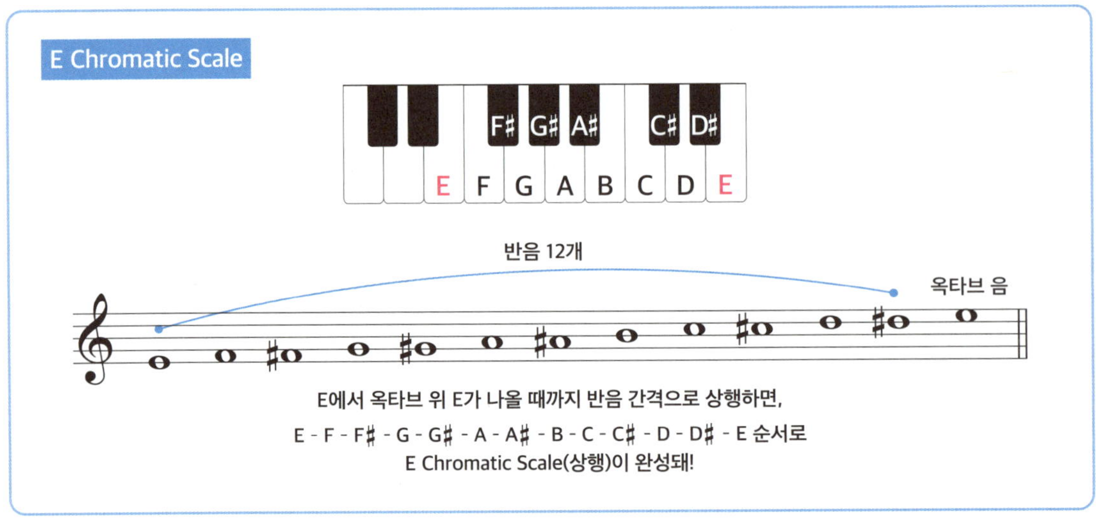

이번에는 하행하는 Chromatic Scale을 구해볼까? 하행할 때는 ♭을 사용해 반음씩 내려주면 돼. 그럼 A♭Chromatic Scale을 하행으로 함께 만들어보자!

A♭ Chromatic Scale - 하행

옥타브 음

Ab에서 출발해 반음씩 내려가면

A♭ - G - G♭ - F - E - E♭ - D - D♭ - C - B - B♭ - A - A♭(옥타브)

A♭ Chromatic Scale의 하행이 만들어져!

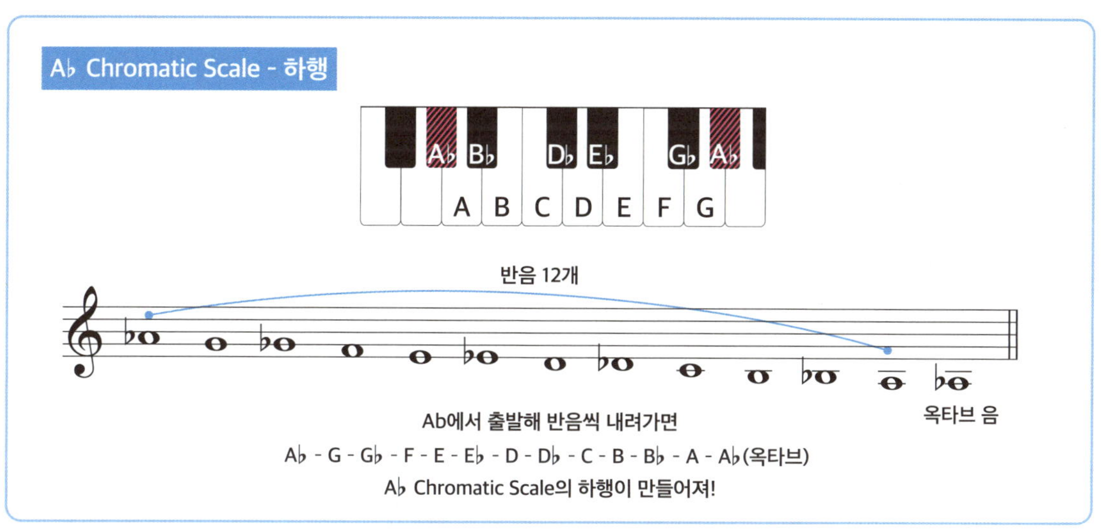

알아두면 좋아! OKAY~?

Scale을 그릴 때는 임시표 선택에 따라 제자리표를 표기하는 개수가 바뀌기 때문에, 임시표를 적절히 사용하는 게 중요해. 따라서 상행할 때는 #을 사용하고, 하행할 때는 ♭을 사용하는 게 좋아.

· 올바른 예

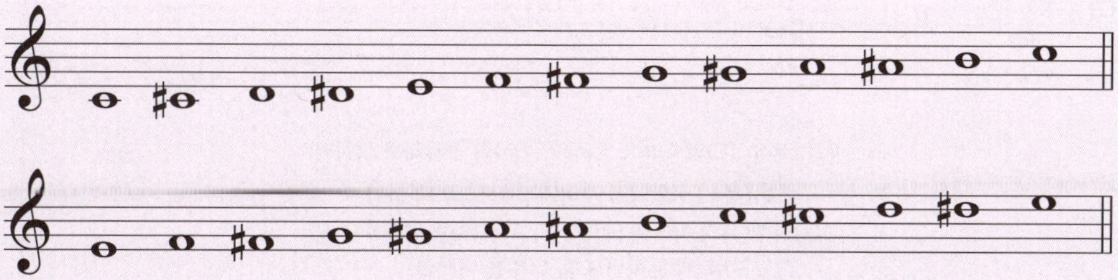

· 올바르지 않은 예

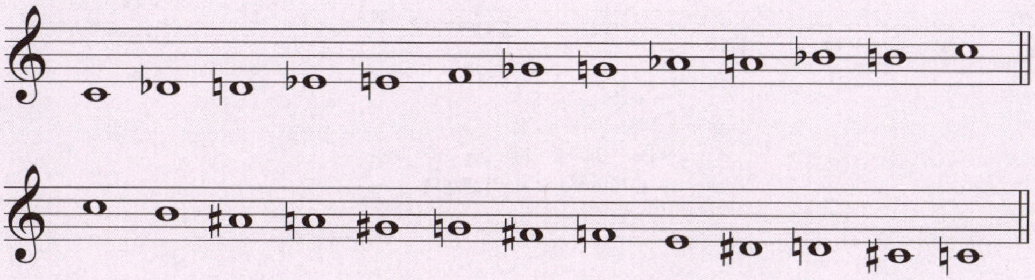

42강. Altered Scale (얼터드 스케일)

오늘은 Altered Scale (얼터드 스케일)에 대해 배워볼 거야.

Altered(얼터드)는 '변형된'이라는 뜻으로, 기본 텐션인 '9, 11, 13'음을 모두 변형한 'b9, #9, #11, b13'으로 구성된 Scale이야. Altered Scale은 변형된 텐션 음 외에도 Dominant7의 Root인 1음, 그리고 Guide Tone인 3, b7음도 포함하고 있기 때문에 Dominant7과 특히 잘 어울린다는 특징을 가지고 있어.

다시 정리하자면, Altered Scale은 '1, b9, #9, 3, #11, b13, b7, 8' 음으로 이루어진 Scale이야. 그럼 같이 Altered Scale을 구해볼까? Altered Scale을 만드는 방법은 다음과 같아.

> 1. Dominant7 코드의 Root인 1음과 Guide Tone인 3, b7을 순서대로 그린다.
>
> 2. Root와 3 사이에 b9과 #9을 넣어준다.
>
> 3. 3과 b7 사이에 #11과 b13을 넣어준다.
>
> 4. Root의 옥타브 음을 추가하여 Alted Scale을 완성한다.

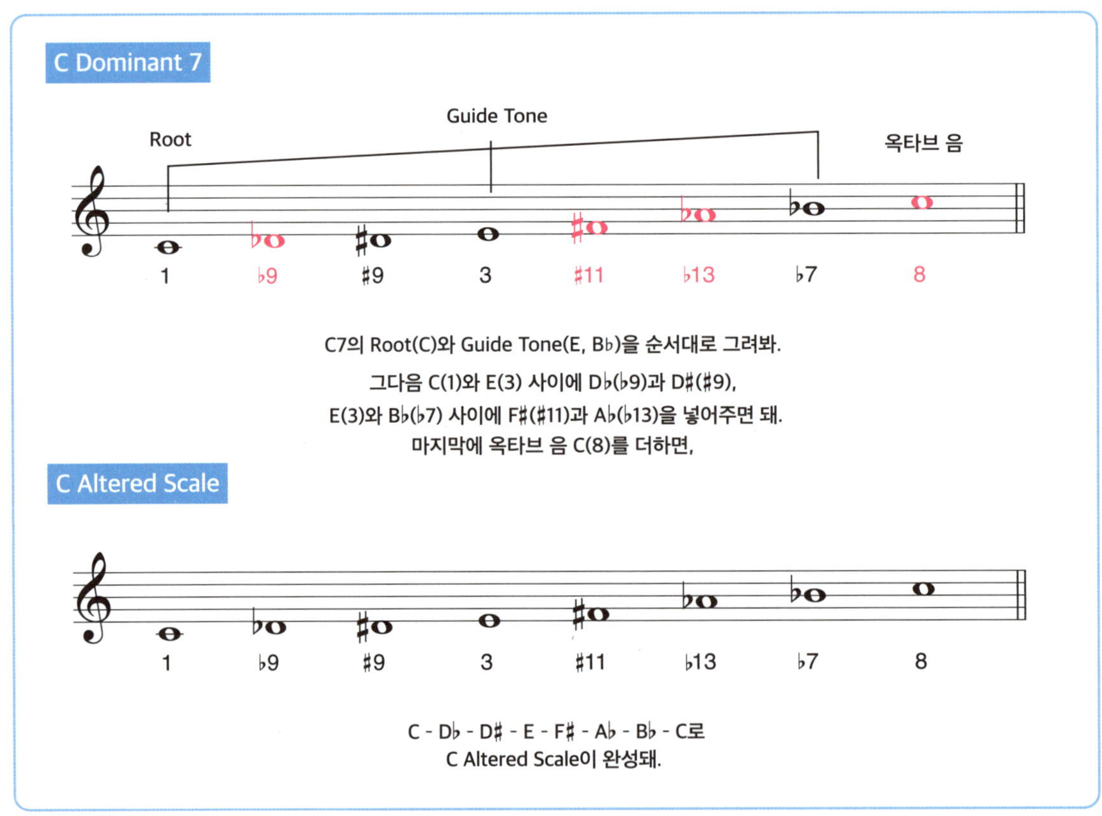

이번에는 E Altered Scale로 한 번 더 만들어보자!

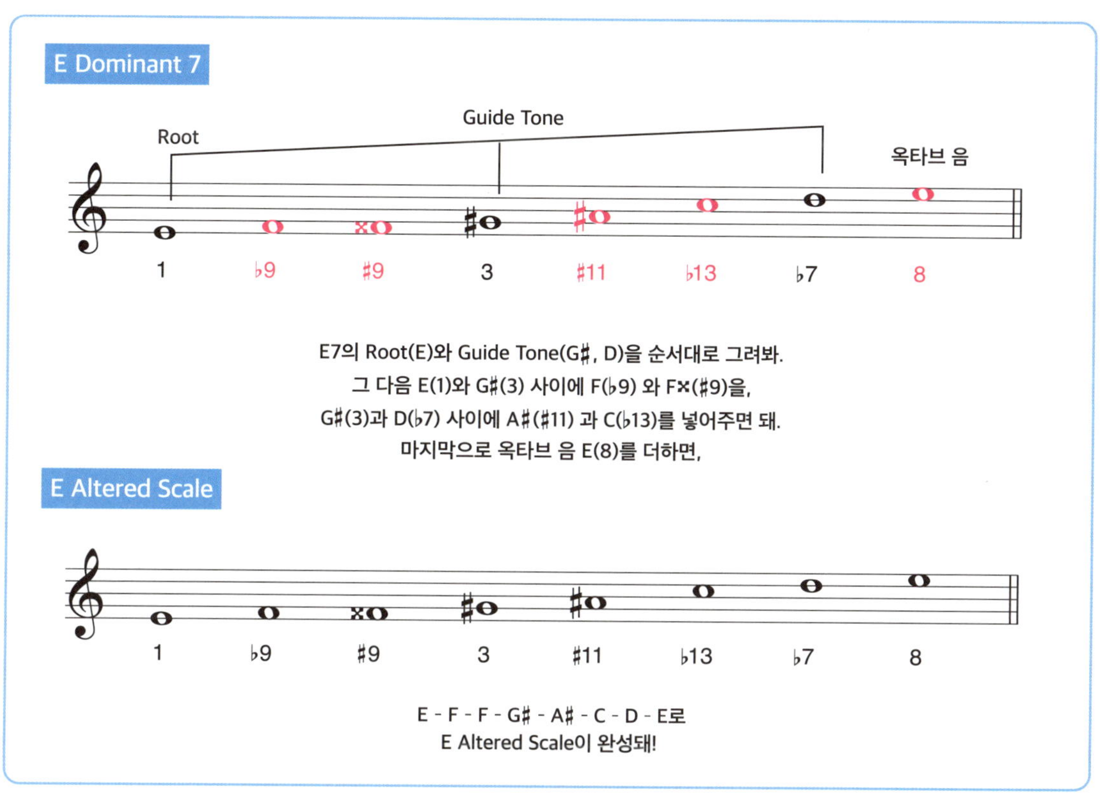

악보를 보다보면 'G7alt'처럼 'alt'가 붙은 코드를 본 적이 있을 거야. 이건 G7 Altered Chord를 뜻하고, #9
과 ♭13을 함께 연주하라는 의미를 지니고 있어. 피아노로 연주한다면 다음과 같이 연주할 수 있겠지?

✏️ 자, 문제 같이 풀어볼까?

1 오선에 알맞은 스케일을 그려 보세요.

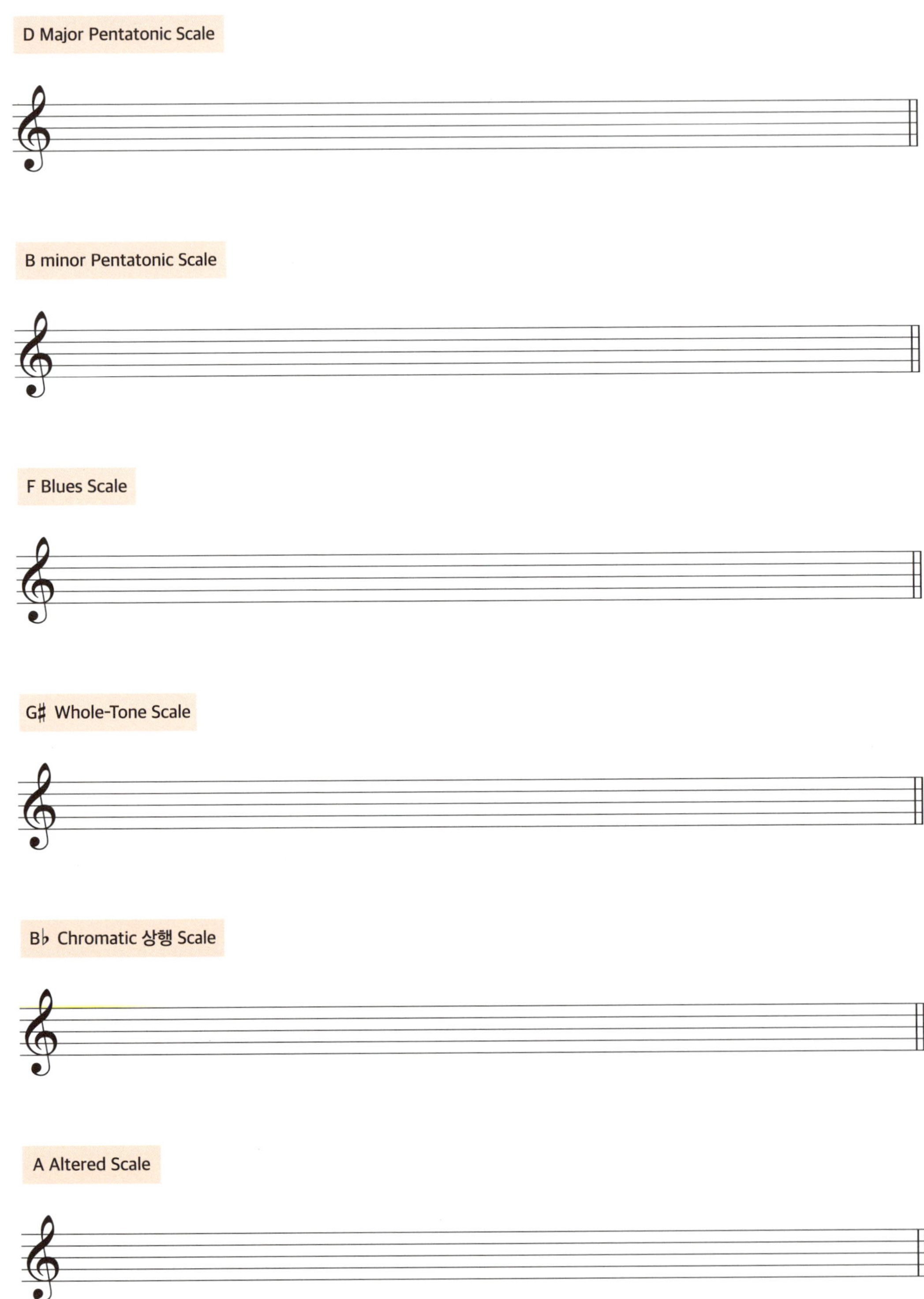

2 빈 칸에 주어진 스케일의 이름을 써 보세요.

____________ Scale

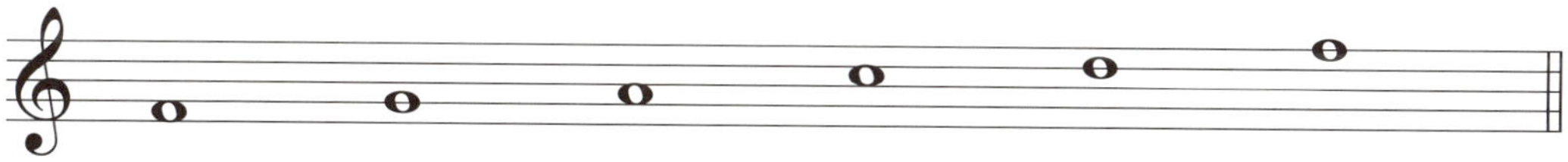

____________ Scale

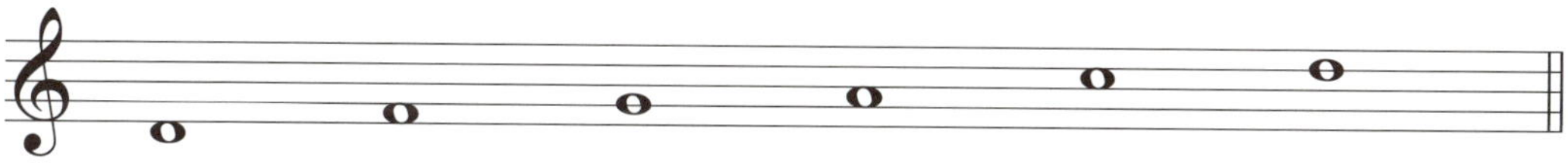

____________ Scale

____________ Scale

____________ Scale

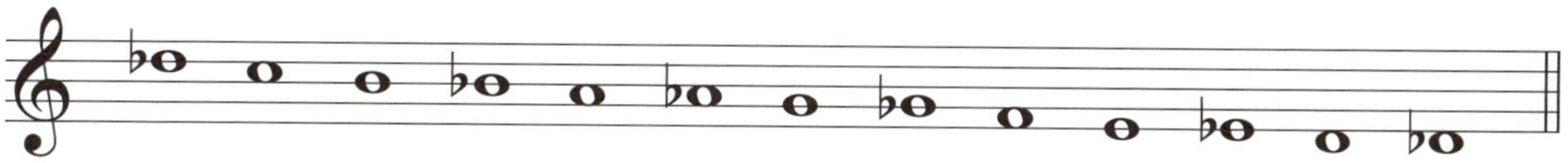

____________ Scale

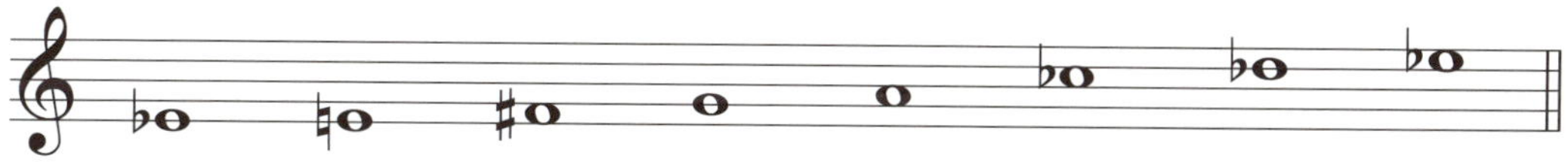

저자 **김은주**

- 現 엑셀로뮤직 아카데미 대표원장
- 호원대학교 실용음악과 작곡 전공 졸업
- 2015 대학로 연극 '하늘 길에 핀 오로라' 음악감독
- 2016 제 62회 '백제문화제' 오프닝곡 작·편곡
- 2016 영화 '국가대표2' 음악 작·편곡
- 2017 뮤지컬 '육군과 함께 하는 창작뮤지컬 신흥무관' 음악 조감독
- 2019 뮤지컬 배우 에녹 1st 앨범 '고래한마리(Whale)' 작곡
- 2020 뮤지컬 배우 홍지민 싱글 앨범 '국민여러분' 작곡
- 2021 드림박스 '엄마의 꿈' 음악 감독 및 작곡
- 2023 드라마 '남이 될 수 있을까' 작·편곡
- 2023 뮤지컬 '유미의 세포들' 쇼케이스 음악조감독·피아노 세션
- 2024 낭독회 '게릴라씨어터' 음악감독·피아노세션
- 2025 뮤지컬 배우 홍지민 싱글앨범 '엄마의 엄마' 작곡
- 2017~2025 뮤지컬 '브로드웨이 42번가' 음악 조감독·피아노 세션

엑셀로뮤직

실 용 음 악

기 초 이 론

저자　김은주
발행인　김두영
전무　김정열
콘텐츠기획개발부　구본희, 오새봄
디자인기획개발부　정재희
제작　유정근, 강은별
마케팅기획개발부　신찬, 송다은, 김지연
경영지원개발부　한재현, 김아영

발행일　2025년 12월 24일(1판 1쇄)
발행처　삼호ETM (http://www.samhomusic.com)
　　　　　경기도 파주시 문발로 175
　　　　　마케팅기획개발부　　　　전화 1577-3588　　　팩스 (031) 955-3599
　　　　　콘텐츠기획개발부　　　　전화 (031) 955-3589　팩스 (031) 955-3598
등록　2009년 2월 12일 제 321-2009-00027호

ISBN　978-89-6721-580-4

KC		
제 품 명 : 도서	주　　소 : 경기도 파주시 문발로 175
제조사명 : 삼호ETM	문의전화 : 1577-3588
제조국명 : 대한민국	제조년월 : 판권 별도 표기
사용연령 : 3세 이상	KC마크는 이 제품이 공통안전기준에 적합하였음을 의미합니다.